Janne Graf / Birgit Gack

Woll-Lust von Kopf bis Fuß

Socken & Accessoires selbst gestrickt

Mützen · Schals · Handschuhe · Grundkurs Sockenstricken

Inhaltsverzeichnis

Das Garn, aus dem die Strickträume sind 4
Irische Muster in Camel 6
Trend zum Quadrat: Modische Karomuster 8
Ringel und Bordüren im Marinelook 10
Motive für Kids: lustige Schneemänner 12
Citychic: Jacquardumschläge in Schwarz-Weiß 14
Kunterbunte Kinderringel 16
Fröhlich-farbenfrohes Kinderset 18
Wellness am Fuß: Kuschelsocken 20
Supersoft und trendy: Damenset aus Kuschelgarn 22
Neue Zöpfe in Lieblingsblau 24
Mustermaschen für Ihn: Herrenset 26
Motivsocken für echte Pferdefans 28
Schöne, warme Hände 30
Damenset im Ethno-Look 32
Folkloristische Bordüren aus Peru 34
Neu und attraktiv: Handschuhstulpen 36
Warmes Rot gegen Winterkälte 38
Schmusedecke und Kuschelkissen 40
Hebemaschen: einfach dekorativ 42
Schön gemütlich: Hüttenschuhe 44
Große Schal-Parade 46
Niedliches Mi-Ma-Mause-Kinder-Set 48
Für die allerkleinsten Füßchen 50
Ein cooles Team: Ajour und Baumwolle 52
Gut kombiniert: Mustermix in Natur 54
Lehrgang: Sockenstricken Schritt für Schritt 56
Größentabellen, Tipps zur Größenumrechnung 58
Handschuhregeln: alles, was Sie wissen müssen 59
Die Stickschule – das ABC der kleinen Stiche 60
Bezugsquellenverzeichnis und Impressum 64

Socken und Accessoires

Machen Sie sich auf die Socken! Die angenehm weichen, passgenauen Selbstgestrickten bieten nicht nur hohen Tragekomfort, sie haben sich auch zum modischen Hingucker am Bein gemausert! Denn die neuen Sockengarne gibt es in allen Trend-farben von natürlich über pastellig zart bis leuchtend bunt. Wir haben uns dazu ausdrucksstarke Muster, fantasievolle Dessins, wunderschöne Bildmotive und die schönsten Farbkombinationen einfallen lassen. Das Ergebnis: tolle Socken in den verschiedensten Stilen, und das für die ganze Familie!

Alles ist mit unseren maschengenauen Anleitungen ganz einfach nachzustricken. Auch Anfänger am Nadelspiel brauchen keine Angst vor Ferse, Spitze und Co. zu haben, denn unser Lehrgang auf den Seiten 56 und 57 erklärt leicht verständlich und Schritt für Schritt in Wort und Bild, wie es funktioniert.

Dazu geben wir bei jedem Modell den Schwierigkeitsgrad an: * anfängerleicht, ** ein wenig Übung erforderlich, *** etwas Erfahrung und Geschick notwendig. Und sollte einmal die beschriebene Größe nicht passen, kein Problem: Mit der Größentabelle und den Tipps auf Seite 58 lässt sich (fast) jedes Modell auf Ihre Wunschgröße umrechnen.

Doch nicht nur warme, hübsch verpackte Füße machen glücklich – an Ohren, Hals und Hände haben wir ebenfalls gedacht und zeigen Ihnen hier die schönsten Mützen, Handschuhe und Schals für Damen, Herren und Kids. Dazu gibt es Kuscheliges für Daheim: herrlich gemütliche Hüttenschuhe und eine dekorative Schmusedecke mit passenden Kissen.
Kurz: Wellness zum Selberstricken und das von Kopf bis Fuß! Stricken Sie mit!

Viel Spaß dabei wünscht Ihnen Ihr Autorenteam

Janne Graf & Birgit Gack

Das Garn, aus dem die Stricktraüme sind

Selbstgestrickte Socken werden nicht nur wegen ihrer guten Passform und den individuellen, kreativen Mustern, Farben und Dessins so hoch geschätzt. Sie tragen sich auch einfach besonders angenehm und das liegt am speziellen Garn.

Hochwertige Sockenwolle ist schön warm, weich und soft auf der Haut, dabei aber überaus strapazierfähig. Sie wirkt antistatisch und klimatisierend, hält die Form, ist robust und einfach in der Maschine zu waschen.

Das Geheimnis: Schurwolle plus Polyamid, und das in der richtigen Mischung! Dabei ist das Naturprodukt Schurwolle für Wärme, Weichheit und Wellness zuständig, die High-Tech-Faser Polyamid sorgt für Stärke und Stabilität. Als Sommervariante kommt dann Cotton ins Spiel, hier wird Baumwolle mit verarbeitet und gibt den kühlen Griff und die sommerliche Leichtigkeit.

Wird dann noch auf optimale Ausspinnung und Zwirnung sowie sorgfältige Färbung geachtet, ist die Woll-Lust perfekt! Ein hochwertiges Produkt, das Komfort und Belastbarkeit optimal verbindet. In diesem Buch haben wir alle Socken aus „Meilenweit" von Lana Grossa gestrickt.

Doch Sockengarne überzeugen nicht nur durch ihre Qualität. Wunderschöne Farben und Nuancen machen genauso Lust aufs Stricken wie tolle Effekte. Da gibt es zwei- und mehrfarbige Moulinés und lebhafte Tweedgarne. Oder bedruckte Fäden, die fantasievolle Dessins, Streifen, Jacquardoptik und sogar wiederkehrende Musterfolgen ganz von selbst beim Stricken entstehen lassen.

Tolle Effekte der unterschiedlichsten Art bringen auch die Garne mit, die wir für die Accessoires eingesetzt haben. Auch hier sind wir beim breit gefächerten Sortiment von Lana Grossa geblieben und haben die allerschönsten Qualitäten ausgesucht. Superweich und federleicht, schimmernd oder mit Glanzeffekt, voluminös oder anschmiegsam, abwechslungsreich strukturiert, uni oder mehrfarbig – lassen Sie sich von der Vielfalt überraschen!

Alle Garne sind dabei hautsympathisch und angenehm zu tragen. Denn auch hier sorgen innovative Mikrofasern, solo oder in Kombination mit klassischen Wollen, für die besten Eigenschaften. Kratzen, Pillen, Fusseln, Ausleiern – all das gehört damit der Vergangenheit an. Neu sind eine nie gekannte Weichheit und Leichtigkeit und die unkomplizierten Pflegeeigenschaften.

Die Maschenprobe

Wichtig bei der Auswahl des Garnes sind die Lauflänge und vor allem die Maschenprobe, die wir bei jeder Strickanleitung angeben. Mit gleicher oder zumindest ähnlicher Lauflänge erreichen Sie am einfachsten die in der jeweiligen Anleitung vorgegebene Maschenprobe. Dafür stricken Sie ein mindestens 10 x 10 cm großes Stück glatt rechts und zählen dann nach: Wie viele Maschen in der Breite und wie viele Reihen in der Höhe ergeben 10 cm? Hat Ihre Probe weniger Maschen als in der Maschenprobe angegeben, müssen Sie entweder fester stricken oder 1/2 bis 1 Stärke dünnere Nadeln nehmen. Haben Sie mehr Maschen und Reihen auf 10 cm, heißt es lockerer stricken oder dickere Nadeln verwenden.

Abkürzungsverzeichnis

Die folgenden Abkürzungen verwenden wir in den Anleitungen:

arb = arbeiten	m = Meter
cm = Zentimeter	M = Masche/n
Fb = Farbe	Nr. = Nummer
g = Gramm	R = Reihe/n
Lftm = Luftmasche/n	Rd = Runde/n
li = links/linke	re = rechts/rechte
LL = Lauflänge	wdh = wiederholen

Ab * wdh heißt, eine größere Maschengruppe (Rapport) so oft wiederholen wie angegeben.

Irische Muster in Camel

Noppenmustersocken in Camel

Schwierigkeit: ✶✶✶
Größe: 36/37

Materialbedarf:
„Meilenweit Tweed" von Lana Grossa (80 % Schurwolle, 20 % Polyamid, LL = 210 m/50 g): 100 g Camel 127
Nadel-Spiel Nr. 2,5

Glatt re: Hin-R re M, Rück-R li M; in Rd nur re M
Kraus re: Hin- und Rück-R re M; in Rd abwechselnd je 1 Rd li und re M
Noppe: aus 1 M 5 M herausstricken (= 1 M re, 1 Umschlag im Wechsel), 3 R kraus re stricken, dann die 5 M re verschränkt zusammenstricken
Karo-Noppenmuster:
1.+3. Rd: *3 M re, 3 M li, ab * wdh
2. Rd: *1 M re, 1 Noppe, 1 M re, 3 M li, ab * wdh
4.+6. Rd: *3 M li, 3 M re, ab * wdh
5. Rd: *3 M li, 1 M re, 1 Noppe, 1 M re, ab * wdh
Bundmuster: 5 Rd kraus re, 6 Rd Karo-Noppenmuster und 6 Rd kraus re
Noppen-Zackenmuster: Laut Strickschrift arb. In den geraden Rd alle M und Umschläge re stricken. Die 1.-24. Rd stets wdh.
Streifenmuster: 6 Rd kraus re und 4 Rd glatt re im Wechsel
Maschenprobe, glatt re: 28 M und 40 R = 10 x 10 cm

So wird es gemacht:
Anschlag je 60 M (= 15 M pro Nadel) und das Bundmuster stricken. Dann im Noppen-Zackenmuster weiterarb. Nach 60 Rd ab Bund mit der Ferse beginnen und die Socken laut Lehrgang und Größentabelle auf den Seiten 56-58 weiterarb. Dabei die äußeren je 3 M der Fersenwand kraus re stricken. Nach der Ferse die M der 2. und 3. Nadel im Streifenmuster, die M der 1. und 4. Nadel glatt re arb. Nach 19,5 cm Fußlänge mit der Bandspitze beginnen, dabei für die Abnahmen jeweils die dritt- und zweitletzte M der 1. und 3. Nadel re verschränkt zusammenstricken sowie die 2. und 3. M der 2. und 4. Nadel re zusammenstricken.

TIPP: Starke Fersen
Die Ferse ist der am stärksten beanspruchte Teil der Socke. Lassen Sie beim Stricken von Fersenwand und Käppchen ein Socken-Beilaufgarn mitlaufen, das macht sie noch robuster. Oder Sie arbeiten eine verstärkte Fersenwand, stricken diese also nicht glatt rechts, sondern in folgendem Muster:
1. Reihe: Im Wechsel 1 Masche rechts, 1 Masche rechts abheben und dabei den Faden hinter der Masche mitführen. Wie bei der glatt rechten Fersenwand können Sie auch hier die beiden äußeren Maschen kraus rechts stricken.
2. Reihe: Linke Maschen stricken.
3. Reihe: Wie die 1. Reihe arbeiten, jedoch um 1 Masche versetzt. Sie beginnen also mit einer abgehobenen Masche.
4. Reihe: Linke Maschen stricken. Die 1.- 4. Reihe stets wiederholen, bis die erforderliche Fersenwandhöhe erreicht ist.

ACHTUNG: *Das Muster zieht sich in der Höhe etwas zusammen. Es müssen daher einige Reihen mehr gestrickt werden als in der Größentabelle angegeben.*

Noppen-Zackenmuster Strickschrift

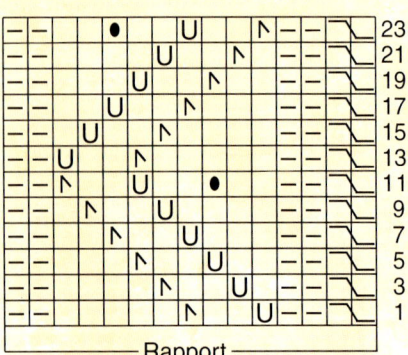

Zeichenerklärung:

☐ = 1 M re
⊟ = 1 M li
U = 1 Umschlag
● = 1 Noppe
⋀ = 1 einfacher Überzug: 1 M re abheben, 1 M re stricken, dann die abgehobene M überziehen
⌐ = die 2. M hinter der 1. M re, dann die 1. M re stricken

Trend zum Quadrat: Modische Karomuster

Hellblaue Karosocken

Schwierigkeit: ∗
Größe: 38/39

Materialbedarf:
„Meilenweit" von Lana Grossa
(80 % Schurwolle, 20 % Polyamid,
LL = 210 m/50 g): je 50 g Hellblau 1292,
Hellgrau 1102, Grau 1104 und Blau 1136
Nadel-Spiel Nr. 2,5 und 3

Rippenmuster mit Nadel Nr. 2,5: 1 M re, 1 M li im Wechsel
Die folgenden Muster mit Nadel Nr. 3 stricken!
Glatt re: Hin-R re M, Rück-R li M; in Rd nur re M
Kraus re: Hin- und Rück-R re M
Streifenfolge: je 13 Rd Hellblau, Grau, Hellblau, Grau, *je 10 Rd Hellblau und Hellgrau, ab * stets wdh
Maschenprobe, glatt re: 28 M und 40 R = 10 x 10 cm

So wird es gemacht:
Anschlag je 60 M in Hellblau (= 15 M pro Nadel) und 3 cm Rippenmuster stricken, dann glatt re laut Streifenfolge weiterarb. Nach 52 Rd ab Bund mit der Ferse in Hellblau beginnen und die Socken laut Lehrgang und Größentabelle auf den Seiten 56-58 weiterarb. Dabei die äußeren je 2 M der Fersenwand kraus re stricken.

Nach der Ferse die Streifenfolge fortsetzen und nach 20,5 cm Fußlänge mit der Bandspitze in Hellblau beginnen.

Die Karos in Blau im Kettenstich aufsticken: die waagerechten Linien jeweils in die Mitte der Streifen, die 1. senkrechte Linie in der vorderen Mitte, die folgenden im Abstand von je 11 M (siehe Stickschule auf Seite 60/61).

Ferse und Spitze nicht besticken.

Streifen-Karo-Socken

Schwierigkeit: ∗
Größe: 38/39

Materialbedarf:
„Meilenweit" von Lana Grossa
(80 % Schurwolle, 20 % Polyamid,
LL = 210 m/50 g): je 50 g Hellblau 1292,
Blau 1136, Hellgrau 1102 und Grau 1104
Nadel-Spiel Nr. 2,5 und 3

Glatt re: Hin-R re M, Rück-R li M; in Rd nur re M
Kraus re: Hin- und Rück-R re M
Karomuster:
1.-5. Rd: je 5 M Hellblau und Blau im Wechsel
6.-10. Rd: je 5 M Blau und Hellblau im Wechsel
Die 1.-10. Rd wdh. In Norwegertechnik mit mehreren Knäueln arb, dabei den unbenutzten Faden stets locker auf der Arbeitsrückseite mitführen.
Maschenprobe, glatt re: 28 M und 40 R = 10 x 10 cm

So wird es gemacht:
Anschlag je 60 M in Blau mit Nadel Nr. 2,5 (= 15 M pro Nadel) und 1 Rd li M stricken, dann glatt re 15 Rd im Karomuster arb. Nun mit Nadel Nr. 3 glatt re je 8 Rd Grau, Hellgrau, Hellblau, Blau und weiter in Hellblau stricken.

Nach 14 cm ab Anschlag mit der Ferse in Grau beginnen und die Socken laut Lehrgang und Größentabelle auf den Seiten 56-58 weiterarb. Dabei die äußeren je 2 M der Fersenwand kraus re stricken.

Nach der Ferse glatt re zunächst 15 Rd Hellblau, je 8 Rd Blau, Hellblau, Hellgrau und Grau, 10 Rd Karomuster und 2 Rd Grau, dann in Hellblau enden.

Nach 20,5 cm Fußlänge mit der Bandspitze beginnen.

Socken mit Längsstreifen

Schwierigkeit: ∗∗
Größe: 42/43

Materialbedarf:
„Meilenweit" von Lana Grossa
(80 % Schurwolle, 20 % Polyamid,
LL = 210 m/50 g): je 50 g Grau 1104,
Camel 1290 und Blau 1136
„Meilenweit Fun & Stripes" von Lana Grossa (80 % Schurwolle, 20 % Polyamid, LL = 210 m/50 g): 50 g Meliert 619
Nadel-Spiel Nr. 2,5 und 3

Rippenmuster mit Nadel Nr. 2,5: 1 M re, 1 M li im Wechsel
Die folgenden Muster mit Nadel Nr. 3 stricken!
Glatt re: Hin-R re M, Rück-R li M; in Rd nur re M
Kraus re: Hin- und Rück-R re M
Streifenmuster: je 4 M Camel und Blau im Wechsel. In Norwegertechnik mit mehreren Knäueln arb, dabei den unbenutzten Faden stets locker auf der Arbeitsrückseite mitführen.
Maschenprobe, glatt re: 28 M und 40 R = 10 x 10 cm

So wird es gemacht:
Anschlag je 64 M in Grau (= 16 M pro N) und 4 cm Rippenmuster stricken, dann glatt re wie folgt weiterarb: 12 Rd Streifenmuster, 20 Rd Meliert, 12 Rd Streifenmuster, weiter in Meliert.

Nach 16 cm ab Bund mit der Ferse in Grau beginnen und die Socken laut Lehrgang und Größentabelle auf den Seiten 56-58 weiterarb. Dabei die äußeren je 3 M der Fersenwand kraus re stricken.

Nach der Ferse glatt re wie folgt weiterarb: 8 Rd Meliert, je 10 Rd Streifenmuster und Meliert im Wechsel.

Nach 22,5 cm Fußlänge mit der Bandspitze in Grau beginnen.

Ringel und Bordüren im Marinelook

Rote Marinesocken

Schwierigkeit: ✷✷
Größe: 34/35

Materialbedarf:
„Meilenweit" von Lana Grossa
(80 % Schurwolle, 20 % Polyamid,
LL = 210 m/50 g): je 50 g Marine 1141,
Royal 1294 und Weiß 1101
„Meilenweit Tweed" von Lana Grossa
(80 % Schurwolle, 20 % Polyamid,
LL = 210 m/50 g): 50 g Rot 124
Nadel-Spiel Nr. 3

Glatt re: Hin-R re M, Rück-R li M; in Rd nur re M
Kraus re: Hin- und Rück-R re M
Streifenfolge: *je 2 Rd Marine, Rot, Weiß und Royal, ab * wdh
Bundmuster: in Royal 3 cm glatt re, 1 Rd li M für den Bruch, dann glatt re: 2 Rd Royal, 2 Rd 1 M Royal und 2 M Rot im Wechsel, 2 Rd Royal und 8 Rd Streifenfolge
Kachelmuster:
1. und 5. Rd: Marine
2.–4. Rd: *3 M Weiß, 1 M Marine, ab * wdh
6.–8. Rd: *1 M Weiß, 1 M Marine, 2 M Weiß, ab * wdh
Die 1.–8. Rd stets wdh, dabei in Norwegertechnik mit mehreren Knäueln arb und den unbenutzten Faden stets locker auf der Arbeitsrückseite mitführen.
Motiv: Nachträglich im Maschenstich laut Zählmuster aufsticken (siehe Stickschule auf Seite 60/61).
Maschenprobe, glatt re: 28 M und 40 R = 10 x 10 cm

So wird es gemacht:
Anschlag je 57 M in Royal (= 1.–3. Nadel je 14 M, 4. Nadel 15 M) und das Bundmuster stricken. Anschließend auf der 4. Nadel 1 M abnehmen = 56 M (= 14 M pro Nadel) und glatt re 33 Rd Kachelmuster sowie 8 Rd Streifenfolge in umgekehrter Reihenfolge arb, dann in Rot weiterstricken. Nun mit der Ferse beginnen und die Socken laut Lehrgang und Größentabelle auf den Seiten 56-58 weiterarb, dabei die äußeren je 3 M der Fersenwand kraus re stricken. Nach 16,5 cm Fußlänge 8 Rd Streifenfolge in umgekehrter Reihenfolge arb, dann mit der Bandspitze beginnen, dabei zunächst noch einmal 8 Rd Streifenfolge arb und in Rot enden.
Den Bundbeleg am Bruch nach innen säumen. Außen am Schaft je 1 Motiv auf das Kachelmuster sticken, dabei auf der 10. Rd ab Bund und mit 2 M Abstand zur vorderen Mitte beginnen.

Marinesocken mit Streifen

Schwierigkeit: ✷✷
Größe: 34/35

Materialbedarf:
„Meilenweit" von Lana Grossa
(80 % Schurwolle, 20 % Polyamid,
LL = 210 m/50 g): je 50 g Marine 1141,
Royal 1294 und Weiß 1101
„Meilenweit Tweed" von Lana Grossa
(80 % Schurwolle, 20 % Polyamid,
LL = 210 m/50 g): 50 g Rot 124
Nadel-Spiel Nr. 3

Rippenmuster: 1 M re, 1 M li im Wechsel
Glatt re: Hin-R re M, Rück-R li M; in Rd nur re M
Kraus re: Hin- und Rück-R re M
Jacquardmuster: Laut Zählmuster in Norwegertechnik mit mehreren Knäueln arb, dabei den unbenutzten Faden stets locker auf der Arbeitsrückseite mitführen.
Streifenfolge: *3 Rd Marine, 2 Rd Weiß, 3 Rd Marine, 2 Rd Royal, 3 Rd Marine und 2 Rd Rot, ab * wdh
Maschenprobe, glatt re: 28 M und 40 R = 10 x 10 cm

So wird es gemacht:
Anschlag je 56 M in Marine (= 14 M pro Nadel) und 2 cm Marine, 1 cm Rot und 2 cm Marine im Rippenmuster stricken. Dann glatt re im Jacquardmuster weiterarb. Nach 41 Rd ab Bund mit der Ferse in Marine beginnen und die Socken laut Lehrgang und Größentabelle auf den Seiten 56-58 weiterarb. Dabei die äußeren je 3 M der Fersenwand kraus re stricken. Nach der Ferse glatt re laut Streifenfolge weiterarb und nach 18,5 cm Fußlänge mit der Bandspitze beginnen, dabei die Streifenfolge nach Belieben fortsetzen.

Zeichenerklärung:
1 Kästchen = 1 M und 1 Rd

= Marine
= Royal
= Weiß
= Rot

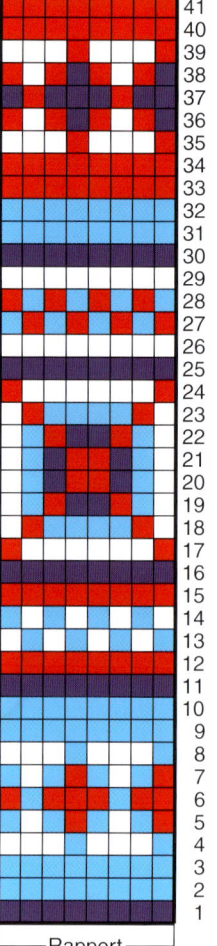

Marinesocken mit Streifen Zählmuster

Rapport

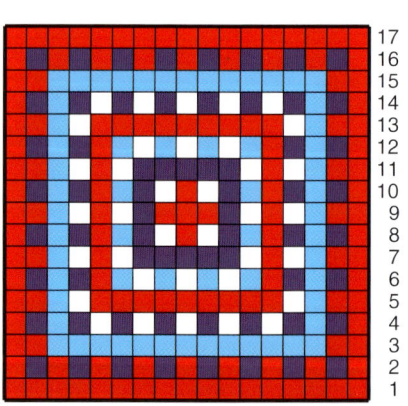

Rote Marinesocken Zählmuster

Motive für Kids: lustige Schneemänner

Ringelsocken mit Schneemann

Schwierigkeit: ✱✱
Größe: 29/30

Materialbedarf:
„Meilenweit" von Lana Grossa (80 % Schurwolle, 20 % Polyamid, LL = 210 m/50 g): je 50 g Blau 1293, Hellblau 1292, Weiß 1101, Rot 1284, Gelb 1283, Braun 1291 und Marine 1141
Nadel-Spiel Nr. 3

Glatt re: Hin-R re M, Rück-R li M; in Rd nur re M
Streifenfolge *4 Rd Blau, 6 Rd Hellblau, ab * wdh
Schneemann: Nachträglich laut Zählmuster 1 im Maschenstich aufsticken, dabei Konturen und Linien mit Steppstichen, Augen mit Knötchenstichen arb (siehe Stickschule auf Seite 60/61).
Maschenprobe, glatt re: 28 M und 40 R = 10 x 10 cm

So wird es gemacht:
Anschlag je 52 M in Gelb (= 13 M pro Nadel), dann für den Saum 12 Rd glatt re und für den Bruch 1 Rd li M stricken. Nun glatt re laut Streifenfolge weiterarb. Nach 40 Rd ab Bruch mit der Ferse in Rot beginnen und die Socken laut Lehrgang und Größentabelle auf den Seiten 56-58 weiterstricken. Nach der Ferse die Streifenfolge fortsetzen und nach 15,5 cm Fußlänge mit der Bandspitze in Gelb beginnen.
Den Schneemann außen auf den Schaft sticken, direkt über der Ferse beginnen. Die re Socke laut Zählmuster, die li Socke gegengleich besticken. Den Saum nach innen legen und annähen.

Kindersocken mit Schneemann

Schwierigkeit: ✱✱
Größe: 32/33

Materialbedarf:
„Meilenweit" von Lana Grossa (80 % Schurwolle, 20 % Polyamid, LL = 210 m/50 g): je 50 g Weiß 1101, Hellblau 1292, Rot 1284, Blau 1293, Gelb 1283 und Marine 1141
Nadel-Spiel Nr. 2,5 und 3

Rippenmuster mit Nadel Nr. 2,5: 2 M re, 2 M li im Wechsel
Die folgenden Muster mit Nadel Nr. 3 stricken!
Glatt re: Hin-R re M, Rück-R li M; in Rd nur re M
Schneemann: Nachträglich laut Zählmuster 2 im Maschenstich aufsticken, dabei Gesicht und Konturen in Marine mit Stepp- und Knötchenstichen arb (siehe Stickschule auf Seite 60/61).
Maschenprobe, glatt re: 28 M und 40 R = 10 x 10 cm

So wird es gemacht:
Anschlag je 56 M in Hellblau (= 14 M pro Nadel) und 3 cm Rippenmuster stricken. Anschließend glatt re arb und nach 32 Rd in Weiß weiterstricken. Nach 42 Rd ab Bund mit der Ferse in Rot beginnen und die Socken laut Lehrgang und Größentabelle auf den Seiten 56-58 weiterarb. Nach der Ferse in Weiß weiterstricken und nach 17 cm Fußlänge mit der Bandspitze in Blau beginnen.
Den Schneemann außen auf den Schaft sticken mit 2 Rd Abstand zum Bund. Li Socke laut Zählmuster, re Socke gegengleich arb.

Zeichenerklärung:
1 Kästchen = 1 M + 1 R

☐ = Hellblau
▨ = Blau
☐ = Weiß
■ = Rot
■ = Braun
■ = Marine
■ = Grün
■ = Gelb

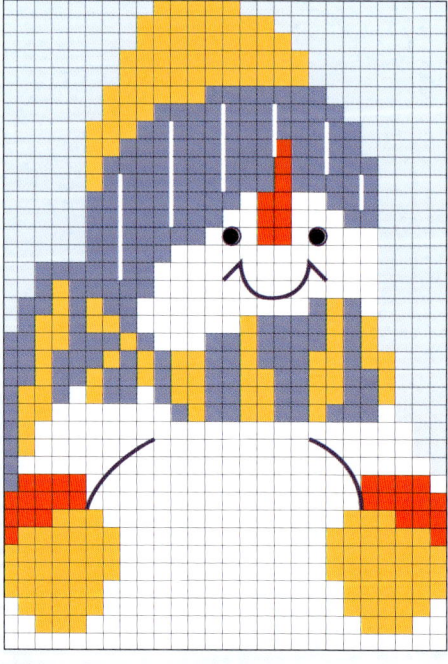

Zählmuster 2

Zählmuster 3

Schneemann-Socken in Blau

Schwierigkeit: ✱✱
Größe: 28/29

Materialbedarf:
„Meilenweit" von Lana Grossa (80 % Schurwolle, 20 % Polyamid, LL = 210 m/50 g): je 50 g Blau 1293, Weiß 1101, Rot 1284, Gelb 1283, Grün 1287 und Marine 1141
Nadel-Spiel Nr. 3

Glatt re: Hin-R re M, Rück-R li M; in Rd nur re M
Glatt li: in Rd nur li M
Schneemann: Nachträglich laut Zählmuster 3 im Maschenstich aufsticken, dabei Konturen und Mund mit Steppstichen, Augen mit Knötchenstichen arb (siehe Stickschule auf Seite 60/61).
Maschenprobe, glatt re: 28 M und 40 R = 10 x 10 cm

So wird es gemacht:
Anschlag je 50 M in Weiß (= 1.+3. Nadel je 12 M, 2.+4. Nadel je 13 M) und für den Rollrand 8 Rd glatt li stricken. Dann in Blau glatt re weiterarb. Nach 9 cm ab Rollrand mit der Ferse beginnen und die Socken laut Lehrgang und Größentabelle auf den Seiten 56-58 weiterarb. Die ersten 2 R der Ferse in Gelb, dann in Weiß stricken. Nach der Ferse in Blau weiterarb und nach 14,5 cm Fußlänge 2 Rd in Gelb arb, dann mit der Bandspitze in Weiß beginnen.
Den Schneemann außen auf den Schaft sticken, 3 Rd über der Ferse beginnen. Die re Socke laut Zählmuster, die li Socke gegengleich besticken.

Citychic: Jacquardumschläge in Schwarz-Weiß

Umschlagsocken in Dunkelgrau

Schwierigkeit: ✱✱
Größe: 40/41

Materialbedarf:
„Meilenweit" von Lana Grossa
(80 % Schurwolle, 20 % Polyamid,
LL = 210 m/50 g): 100 g Dunkelgrau
meliert 1178, je 50 g Schwarz 1106
und Weiß 1101
Nadel-Spiel Nr. 3

Rippenmuster: 1 M re, 1 M li im Wechsel
Glatt re: Hin-R re M, Rück-R li M; in Rd nur re M
Kraus re: Hin- und Rück-R re M
Reliefmuster:
1. Rd: *2 M li, 2 M re, 1 M li, ab * wdh
2.-4. Rd: *2 M li, 2 M li abheben, Faden liegt dabei hinter den M, 1 M li, ab * wdh
Die 1.-4. Rd stets wdh.
Bordüre: Glatt re laut Zählmuster in Norwegertechnik mit mehreren Knäueln arb, dabei den unbenutzten Faden stets locker auf der Arbeitsrückseite mitführen. In der Breite den Rapport stets wdh, dabei in der 1., 3., 19. und 21. Rd das Muster sinngemäß fortsetzen.
Maschenprobe, glatt re: 28 M und 40 R = 10 x 10 cm

So wird es gemacht:
Anschlag je 60 M in Dunkelgrau meliert (= 15 M pro Nadel) und für den Umschlag wie folgt stricken: in Dunkelgrau meliert 2 cm Rippenmuster und 3 Rd glatt re, 21 Rd Bordüre, in Dunkelgrau meliert 3 Rd glatt re, 1 Rd li M (= Bruch) und 3 Rd glatt re. Anschließend die Arbeit wenden und im Reliefmuster weiterarb. Nach 17 cm ab Umschlag mit der Ferse beginnen und die Socken laut Lehrgang und Größentabelle auf den Seiten 56-58 weiterarb, dabei die äußeren je 2 M der Fersenwand kraus re stricken. Nach der Ferse die 1. M der 4. Nadel auf die 3. Nadel nehmen, dann die M der 2. und 3. Nadel im Reliefmuster, die M der 1. und 4. Nadel glatt re stricken. Die Zwickelabnahmen so oft wdh, bis 61 M vorhanden sind. Nach 22 cm Fußlänge auf der 3. Nadel 1 M abnehmen und mit der Bandspitze beginnen.
Den Umschlag am Bruch nach außen schlagen und das Rippenmuster am Umschlagrand nach innen säumen.

Umschlagsocken in Hellgrau

Schwierigkeit: ✱✱
Größe: 38/39

Materialbedarf:
„Meilenweit" von Lana Grossa
(80 % Schurwolle, 20 % Polyamid,
LL = 210 m/50 g): 100 g Hellgrau meliert
1218, je 50 g Grau 1104, Schwarz 1106
und Weiß 1101
Nadel-Spiel Nr. 3

Rippenmuster: 2 M re, 2 M li im Wechsel
Glatt re: Hin-R re M, Rück-R li M; in Rd nur re M
Kraus re: Hin- und Rück-R re M
Streifenmuster:
1. Rd: *1 M li, 2 M re, 1 M li, 1 M re, ab * wdh
2. Rd: *4 M re, 1 M li, ab * wdh
Die 1. und 2. Rd stets wdh.
Bordüre: Glatt re laut Zählmuster in Norwegertechnik mit mehreren Knäueln arb, dabei den unbenutzten Faden stets locker auf der Arbeitsrückseite mitführen.
Musterstreifen:
1.+4. Rd: Grau
2. Rd: je 1 M Weiß und Grau im Wechsel
3. Rd: je 1 M Grau und Weiß im Wechsel
Maschenprobe, glatt re: 28 M und 40 R = 10 x 10 cm

So wird es gemacht:
Anschlag je 56 M in Grau (= 14 M pro Nadel) und für den Umschlag wie folgt stricken: in Grau 2 cm Rippenmuster, 22 Rd Bordüre, in Grau 3 Rd glatt re, 1 Rd li M (= Bruch) und 3 Rd glatt re. Anschließend die Arbeit wenden und im Streifenmuster in Hellgrau meliert weiterarb, dabei in der 1. Rd auf der 1. Nadel 1 M abnehmen = 55 M. Nach 19 cm ab Umschlag auf der 1. Nadel wieder 1 M zunehmen und mit der Ferse beginnen. Die Socken laut Lehrgang und Größentabelle auf den Seiten 56-58 weiterarb, dabei die äußeren je 2 M der Fersenwand kraus re stricken. Nach der Ferse die M der 2. und 3. Nadel im Streifenmuster sowie die M der 1. und 4. Nadel glatt re stricken. Nach 19,5 cm Fußlänge den Musterstreifen arb, dann mit der Bandspitze in Hellgrau meliert beginnen.
Den Umschlag am Bruch nach außen schlagen und das Rippenmuster am Umschlagrand nach innen säumen.

Umschlagsocken in Dunkelgrau
Zählmuster

Rapport

Umschlagsocken in Hellgrau
Zählmuster

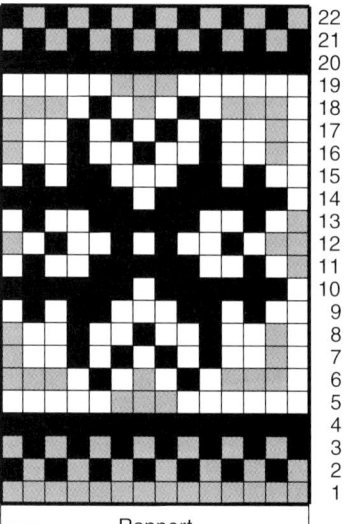

Rapport

Zeichenerklärung:
1 Kästchen = 1 M + 1 Rd

■ = Schwarz
□ = Weiß
▨ = Dunkelgrau meliert
▨ = Grau

Kunterbunte Kinderringel

Söckchen mit Mäusezähnchen

Schwierigkeit: ✽
Größe: 27/28

Materialbedarf:
„Meilenweit" von Lana Grossa
(80 % Schurwolle, 20 % Polyamid,
LL = 210 m/50 g): je 50 g Rot 1155,
Blau 1208, Oliv 1281, Weiß 1101,
Gelb 1195 und Orange 1233
Nadel-Spiel Nr. 2,5

Glatt re: Hin-R re M, Rück-R li M; in Rd nur re M
Mäusezähnchen: 2 M re zusammenstricken und 1 Umschlag im Wechsel
Kraus re: Hin- und Rück-R re M
Streifenmuster: Laut Zählmuster in Norwegertechnik mit mehreren Knäueln arb, dabei den unbenutzten Faden stets locker auf der Arbeitsrückseite mitführen. Die 1.-12. Rd stets wdh.
Maschenprobe, glatt re: 28 M und 40 R = 10 x 10 cm

So wird es gemacht:
Anschlag je 48 M in Rot (= 12 M pro Nadel) und für den Saum 6 Rd glatt re, 1 Rd Mäusezähnchen und 6 Rd glatt re stricken. Dann glatt re im Streifenmuster weiterarb. Nach 36 Rd ab Saum mit der Ferse in Rot beginnen und die Socken laut Lehrgang und Größentabelle auf den Seiten 56-58 weiterarb. Dabei die äußeren je 3 M der Fersenwand kraus re stricken. Nach der Ferse das Streifenmuster fortsetzen. Nach 14 cm Fußlänge mit der Bandspitze in Rot beginnen. Den Saum zur Hälfte nach innen säumen.

Ringelsöckchen mit Umschlag in 2 Varianten

Schwierigkeit: ✽
Größe: 32/33

Materialbedarf:
„Meilenweit" von Lana Grossa
(80 % Schurwolle, 20 % Polyamid,
LL = 210 m/50 g): je 50 g Blau 1208,
Oliv 1281, Weiß 1101, Gelb 1195,
Rot 1155 und Orange 1233
oder „Meilenweit Fun & Stripes" von Lana Grossa (80 % Schurwolle, 20 % Polyamid, LL = 210 m/50 g): 100 g Meliert 620
Nadel-Spiel Nr. 2,5

Rippenmuster: 1 M re, 1 M li im Wechsel
Glatt re: Hin-R re M, Rück-R li M; in Rd nur re M
Kraus re: Hin- und Rück-R re M; in Rd abwechselnd je 1 Rd re und li M
Streifenfolge 1: je 1 Rd Blau und Oliv im Wechsel
Streifenfolge 2: *je 2 Rd Rot, Gelb, Orange und Weiß, ab * wdh
Maschenprobe, glatt re: 28 M und 40 R = 10 x 10 cm

So wird es gemacht:
Söckchen aus „Meilenweit"
Anschlag je 56 M in Blau (= 14 M pro Nadel) und für den Umschlag 3 Rd kraus re, 19 Rd glatt re laut Streifenfolge 1, für den Bruch 1 Rd li M in Blau und 4 Rd Rippenmuster in Weiß stricken. Dann die Arbeit wenden und glatt re laut Streifenfolge 2 weiterarb. Nach 11 cm ab Umschlag mit der Ferse laut Streifenfolge 1 beginnen und die Socken laut Lehrgang und Größentabelle auf den Seite 56-58 weiterarb. Dabei die äußeren je 3 M der Fersenwand kraus re stricken. Nach der Ferse die Streifenfolge 2 fortsetzen. Nach 17 cm Fußlänge mit der Bandspitze laut Streifenfolge 1 beginnen.
Umschlag nach außen schlagen.

Variante aus „Meilenweit Fun & Stripes"
Wie die Söckchen aus „Meilenweit" arb, jedoch durchgehend mit „Meilenweit Fun & Stripes". Die Ringel ergeben sich durch die Einfärbung des Garns.

Ringelsöckchen mit Rollrand

Schwierigkeit: ✽
Größe: 31/32

Materialbedarf:
„Meilenweit" von Lana Grossa
(80 % Schurwolle, 20 % Polyamid,
LL = 210 m/50 g): je 50 g Gelb 1195,
Rot 1155, Orange 1233, Oliv 1281,
Blau 1208 und Weiß 1101
Nadel-Spiel Nr. 2,5

Glatt re: Hin-R re M, Rück-R li M; in Rd nur re M
Kraus re: Hin- und Rück-R re M
Streifenfolge: *je 1 Rd Oliv, Blau, Oliv, Orange, Oliv, Rot, Oliv, Weiß, Oliv und Gelb, ab * wdh
Maschenprobe, glatt re: 28 M und 40 R = 10 x 10 cm

So wird es gemacht:
Anschlag je 52 M in Gelb (= 13 M pro Nadel) und für den Rollrand 11 Rd glatt re stricken, dann laut Streifenfolge weiterarb. Nach 15 cm ab Anschlag mit der Ferse in Rot beginnen und die Socken laut Lehrgang und Größentabelle auf den Seiten 56-58 weiterarb. Dabei die äußeren je 3 M der Fersenwand kraus re stricken. Nach der Ferse die Streifenfolge fortsetzen. Nach 16,5 cm Fußlänge mit der Bandspitze in Orange beginnen.

TIPP: Zwei in einem Rutsch
Kaufen Sie zwei gleiche Nadel-Spiele, dann können Sie beide Socken Schritt für Schritt parallel arbeiten. So wird das Paar auch ohne Notizen zu Reihen- und Maschenzahlen, Zu- und Abnahmen garantiert identisch und Sie brauchen sich in jeden Schritt nur einmal einzudenken.

Söckchen mit Mäusezähnchen Zählmuster

Zeichenerklärung:
1 Kästchen = 1 M + 1 Rd

■ = Oliv
□ = Weiß
■ = Orange
■ = Blau
■ = Gelb
■ = Rot

Fröhlich-farbenfrohes Kinderset

Buntes Kinder-Set

Materialbedarf:
„Merino Big" von Lana Grossa
(100 % Schurwolle, LL = 120 m/50 g):
200 g Rot 608, je 50 g Blau 613, Mais 649,
Grün 635 und Weiß 615
1 Nadel-Spiel Nr. 3,5 und 2 Nadel-Spiele
Nr. 4,5 sowie 1 Häkel-Nadel Nr. 3,5

Glatt re: Hin-R re M, Rück-R li M; in Rd nur re M
Kästchenmuster:
1.+5. Rd: re M in Rot
2.+6. Rd: li M in Rot
3.+4. Rd: *2 M Rot und 2 M Muster-Fb re stricken, ab * wdh, dabei den unbenutzten Faden stets locker auf der Arbeitsrückseite mitführen
Streifen A: 2 Rd Weiß, 1 Rd Rot, 2 Rd Mais, 1 Rd Rot, 2 Rd Grün, 1 Rd Rot, 2 Rd Blau und 1 Rd Rot
Streifen B: 2 Rd Blau, 1 Rd Rot, 2 Rd Weiß, 1 Rd Rot, 2 Rd Mais, 1 Rd Rot und 2 Rd Grün
Streifen C: 2 Rd Grün, 1 Rd Rot, 2 Rd Blau, 1 Rd Rot, 2 Rd Weiß, 1 Rd Rot, 2 Rd Mais, 1 Rd Rot und 2 Rd Grün
Häkelschlaufen: 20 Lftm anschlagen, 1 R feste M häkeln und mit 1 Kett-M zur Schlaufe schließen, nochmals 20 bis 40 Lftm häkeln und darauf für die Locke 1 R feste M häkeln, dabei je 2 feste M in eine Lftm arb.
Häkellocke: 20 bis 40 Lftm häkeln und 1 R feste M häkeln, dabei je 2 feste M in eine Lftm arb.
Musterfolge Mütze: 6 Rd Kästchenmuster mit Blau;
glatt re: 1 Rd Rot, 12 Rd Streifen A; 6 Rd Kästchenmuster mit Weiß;
glatt re: 1 Rd Rot, 11 Rd Streifen B
Musterfolge Schal: *glatt re: 4 Rd Rot, 6 Rd Kästchenmuster mit Blau;
glatt re: 4 Rd Rot, 12 Rd Streifen A, 2 Rd Weiß und 4 Rd Rot;
6 Rd Kästchenmuster mit Mais;
glatt re: 4 Rd Rot, 14 Rd Streifen C und 4 Rd Rot; 6 Rd Kästchenmuster mit Weiß;
glatt re: 4 Rd Rot, 11 Rd Streifen B, 1 Rd Rot, 2 Rd Blau und 4 Rd Rot;
6 Rd Kästchenmuster mit Grün;
glatt re: 4 Rd Rot, 2 Rd Mais, 1 Rd Rot, 2 Rd Grün, 1 Rd Rot, 2 Rd Blau, 1 Rd Rot, 2 Rd Weiß, 1 Rd Rot und 2 Rd Mais, ab * stets wdh
Musterfolge Handschuhe: 6 Rd Kästchenmuster mit Blau;
glatt re: 12 Rd Streifen A, 2 Rd Weiß;
6 Rd Kästchenmuster mit Mais;
glatt re: 14 Rd Streifen C, in Rot je 1 Rd re und li M
Maschenprobe, glatt re mit Nadel Nr. 4,5: 20 M und 26 R = 10 x 10 cm

Mütze

Schwierigkeit: *
Größe: 50-54 cm Kopfumfang

So wird es gemacht:
Für den 1. Rollrand 100 M in Rot mit Nadel Nr. 4,5 anschlagen (= 25 M pro Nadel) und 16 Rd glatt re stricken, dann die M stilllegen. Den 2. Rollrand in Mais ebenso arb, jedoch bereits nach 12 Rd die M über den ersten Rollrand schieben und je 1 M beider Nadel-Spiele in Rot re zusammenstricken. Den 3. Rollrand in Grün arb, nach 10 Rd über die anderen beiden Rollränder schieben und in Rot wie zuvor zusammenstricken.
Nun gemäß Musterfolge weiterarb. Danach in Rot glatt re weiterstricken, dabei in der 2., 6. und 10. Rd immer 2 M re zusammenstricken, dann restliche 13 M mit einem Faden zusammenziehen. Je eine Häkelschlaufe in Blau, Grün und Mais arb und auf die Mützenmitte nähen.

Schal

Schwierigkeit: *
Größe: 12 x 113 cm

So wird es gemacht:
48 M in Rot mit Nadel Nr. 4,5 anschlagen (= 12 M pro Nadel) und gemäß Musterfolge stricken. Nach 294 Rd = 113 cm ab Anschlag die M abketten.
Den oberen und unteren Rand in Rot mit 1 R fester M zusammenhäkeln, dabei nur in jede 2. M einstechen. Pro Schalende 5 Häkellocken in verschiedenen Farben und Längen arb und anbringen.

Handschuhe

Schwierigkeit: * * *
Größe: 3-4

So wird es gemacht:
40 M in Rot mit Nadel Nr. 3,5 anschlagen (= 10 M pro Nadel) und 10 Rd glatt re stricken, dann gemäß Musterfolge weiterarb. Gleichzeitig nach 36 Rd ab Anschlag mit dem Daumenkeil beginnen. Die Fingerhandschuhe werden nach den Handschuhregeln auf Seite 59 gearbeitet. Den Keil in die Musterfolge einfügen und wenn 11 Keil-M vorhanden sind, diese stilllegen.
Am Ende der Musterfolge mit den Fingern beginnen. Für den Zeigefinger in Mais die letzten 6 M des Handrückens und die ersten 6 M der Innenhand abstricken und 2 M für den Steg anschlagen = 14 M. Nach 20 Rd den Finger beenden. Für den Mittelfinger in Blau 5 M des Handrückens abstricken, 2 M aus dem Steg auffassen, 5 M der Innenhand abstricken und 2 M anschlagen = 14 M. Nach 24 Rd den Finger beenden. Den Ringfinger in Weiß wie den Mittelfinger arb, jedoch bereits nach 20 Rd beenden. Für den kleinen Finger in Grün die restlichen 8 M abstricken und aus dem Steg 2 M auffassen = 10 M. Nach 14 Rd diesen Finger beenden. Nun den Daumen in Rot stricken und nach 14 Rd beenden.
Den zweiten Handschuh gegengleich arb.

Wellness am Fuß: Kuschelsocken

Kuschelsocken in Wollweiß

Schwierigkeit: ✶✶
Größe: 38/39

Materialbedarf:
„Meilenweit Big" von Lana Grossa
(80 % Schurwolle, 20 % Polyamid,
LL = 120 m/50 g): 100 g Wollweiß
Nadel-Spiel Nr. 4,5

Rippenmuster: 2 M re, 2 M li im Wechsel
Glatt re: Hin-R re M, Rück-R li M; in Rd nur re M
Kraus re: Hin- und Rück-R re M
Grundmuster: Laut Strickschrift arb. Die 1.- 6. Rd stets wdh.
Maschenprobe, glatt re: 22 M und 30 R = 10 x 10 cm

So wird es gemacht:
Anschlag je 48 M (= 12 M pro Nadel) und für den Bund 4 cm Rippenmuster stricken. Dann im Grundmuster weiterarb. Nach 14 cm ab Bund mit der Ferse beginnen und die Socken laut Lehrgang und Größentabelle auf den Seiten 56-58 weiterarb. Dabei die äußeren je 2 M der Fersenwand kraus re stricken. Nach der Ferse die letzte M der 1. Nadel auf die 2. Nadel legen, dann die M der 2. und 3. Nadel im Grundmuster, die M der 1. und 4. Nadel glatt re weiterarb. Die Zwickelabnahmen so oft wdh, bis 49 M vorhanden sind. Nach 20 cm Fußlänge auf der 2. Nadel 1 M abnehmen = 48 M und mit der Bandspitze beginnen.
Den Bund nach außen schlagen und in die li Rippen Fransen aus je drei 8 cm langen Fäden einknüpfen.

Kuschelsocken in Hellblau

Schwierigkeit: ✶✶
Größe: 38/39

Materialbedarf:
„Meilenweit" von Lana Grossa
(80 % Schurwolle, 20 % Polyamid,
LL = 210 m/50 g): 150 g Hellblau 1227
Nadel-Spiel Nr. 4,5

Rippenmuster: 1 M re, 1 M li im Wechsel
Glatt re: Hin-R re M, Rück-R li M; in Rd nur re M
Kraus re: Hin- und Rück-R re M
Patentmuster:
1. Rd: *1 M li, 1 M mit 1 Umschlag li abheben, ab * wdh, 1 M li
2. Rd: *1 M li, die M mit dem Umschlag re zusammenstricken, ab * wdh, 1 M li
Die 1. und 2. Rd stets wdh.
Zopf A über 5 M:
1.-4. und 6.-8. Rd: 2 M re, 1 M li, 2 M re
5. Rd: 2 M auf 1 Hilfs-Nadel vor die Arbeit legen, 2 M re und 1 M li, dann die M der Hilfs-Nadel re stricken
Die 1.-8. Rd stets wdh.
Zopf B über 5 M: wie Zopf A, jedoch in der 5. Rd 3 M auf 1 Hilfs-Nadel hinter die Arbeit legen, 2 M re, dann die M der Hilfs-Nadel 1 M li und 2 M re stricken
Maschenprobe, doppelfädig glatt re: 20 M und 28 R = 10 x 10 cm
Hinweis: Die Socken mit doppeltem Faden stricken!

So wird es gemacht:
Anschlag je 42 M (= 1.+3. Nadel je 10 M, 2.+4. Nadel je 11 M) und 2 cm Rippenmuster stricken. Dann wie folgt weiterarb: 3 M Patentmuster, 5 M Zopf A, 3 M Patentmuster, 5 M Zopf B, 9 M Patentmuster, 5 M Zopf A, 3 M Patentmuster, 5 M Zopf B, 4 M Patentmuster.
Nach 48 Rd ab Bund auf der 1. Nadel 1 M zunehmen und mit der Ferse über 22 M beginnen. Für die Fersenwand 28 R stricken, dann das Käppchen über die mittleren 8 M arb. Die Socken laut Lehrgang auf Seite 56 und 57 weiterarb, dabei die äußeren je 3 M der Fersenwand kraus re stricken. Nach der Ferse die M der 2. und 3. Nadel im Patentmuster, die M der 1. und 4. Nadel glatt re weiterarb.
Nach 20 cm Fußlänge auf der 3. Nadel 1 M zunehmen = 44 M und mit der Bandspitze beginnen.

TIPPS:

Maschenzählen leicht gemacht!
Bei den Abnahmen am Zwickel und an der Spitze können Sie die entsprechenden Maschen auch li zusammenstricken, das erleichtert das Zählen der Runden.

Maschenprobe nicht vergessen!
Bitte beachten Sie die in der Anleitung genannte Maschenprobe. Sie ist die Grundlage für unsere Größentabellen. Bei abweichender Maschenprobe muss die Nadelstärke entsprechend angepasst werden: Sie brauchen dünnere Nadeln, wenn Sie weniger Maschen und Reihen auf 10 cm Breite und Höhe zählen. Wenn Sie mit den angegebenen Maschen- und Reihenzahlen weniger als 10 cm erreichen, nehmen Sie bitte dickere Nadeln.

Kuschelsocken in Wollweiß
Strickschrift

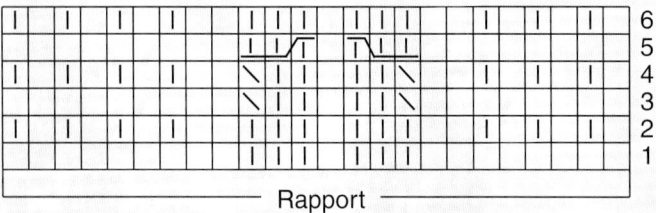

Zeichenerklärung:
| = 1 M re
☐ = 1 M li
\ = 1 M li abheben, Faden liegt hinter der M
= 1 M auf 1 Hilfs-Nadel vor die Arbeit legen, 2 M re, dann die M der Hilfs-Nadel re stricken
= 2 M auf 1 Hilfs-Nadel hinter die Arbeit legen, 1 M re, dann die M der Hilfs-Nadel re stricken

Soft & trendy: Kuschelgarn

Großer Schal

Schwierigkeit: ✻
Größe: 60 x 250 cm

Materialbedarf:
„Amica" von Lana Grossa
(45 % Schurwolle, 45 % Polyacryl,
10 % Polyamid, LL = 80 m/50 g):
650 g Blaugrau 46
Schnellstrick-Nadel Nr. 4,5

Glatt re: Hin-R re M, Rück-R li M
Maschenprobe, glatt re: 14 M und
24 R = 10 x 10 cm

So wird es gemacht:
Anschlag 84 M und glatt re stricken.
Nach 250 cm alle M abketten.
8 Pompons von 8 cm Durchmesser anfertigen und an die Schalenden verteilt
je 4 Pompons nähen.

Fäustlinge

Schwierigkeit: ✻✻
Größe: 7-8

Materialbedarf:
„Cool Wool" von Lana Grossa (100 % Merino extrafein, LL = 160 m/50 g): 100 g
Blaugrau 413; „Amica" von Lana Grossa
(45 % Schurwolle, 45 % Polyacryl, 10 %
Polyamid, LL = 80 m/50 g): 50 g Blaugrau 46; Nadel-Spiel Nr. 3,5 und 4,5

Rippenmuster: 1 M re, 1 M li im Wechsel
Glatt re: in Rd nur re M
Kraus re: 1 Rd re M und 1 Rd li M im Wechsel

**Maschenprobe, kraus re mit „Cool Wool"
und Nadel Nr. 3,5:** 24 M und 50 R =
10 x 10 cm

So wird es gemacht:
Für den re Handschuh 48 M mit „Amica"
und Nadel Nr. 4,5 anschlagen (= 12 M pro
Nadel) und glatt re stricken, dabei in der
11. und 22. Rd verteilt je 11 M abnehmen
= 26 M. Dann 6 cm im Rippenmuster
stricken. Nun mit „Cool Wool" und Nadel
Nr. 3,5 kraus re weiterarb, dabei in der
1. Rd verteilt 22 M zunehmen = 48 M
(= 12 M pro Nadel). Nach 2 Rd bereits
mit dem Daumenkeil gemäß den Handschuhregeln auf Seite 59 beginnen, jedoch
den Keil kraus re stricken und die Zunahmen in jeder 4. Rd ausführen, bis
17 Keil-M vorhanden sind. Bedingt durch
das Muster die Abnahmen am Steg in der
2. und 6. Rd ausführen. Bis zur Höhe des
Ringfingers stricken, dann mit der Spitze
beginnen, hierfür in jeder 2. Rd die M
mustergemäß zusammenstricken. Den
Daumen kraus re stricken und nach 5 cm
Höhe beenden.

Mütze

Schwierigkeit: ✻
Größe: 54-56 cm Kopfumfang

Materialbedarf:
„Amica" von Lana Grossa
(45 % Schurwolle, 45 % Polyacryl,
10 % Polyamid, LL = 80 m/50 g):
100 g Blaugrau 46; Nadel-Spiel Nr. 4,5

Rippenmuster: 1 M re, 1 M li im Wechsel
Glatt re: in Rd nur re M
Maschenprobe, glatt re: 14 M und 24 R =
10 x 10 cm

So wird es gemacht:
Anschlag 72 M (= 18 M pro Nadel) und
3 cm Rippenmuster stricken. Anschließend glatt re weiterarb, dabei in der 1. Rd
verteilt 12 M zunehmen (= jeweils 1 M re
verschränkt aus dem Querfaden herausstricken) = 84 M. Diese Zunahmen noch
4 x in jeder 4. Rd wdh = 132 M. In der
20. Rd ab Bund wieder verteilt 12 M
abnehmen (= jeweils 2 M re zusammenstricken) = 120 M. Diese Abnahmen noch
5 x in jeder 4. Rd und 4 x in jeder 2. Rd
wdh = 12 M. Noch 1 Rd stricken, dann je
2 M re zusammenstricken und restliche
M mit dem Faden zusammenziehen.
Einen Pompon mit 5 cm Durchmesser anfertigen und auf die Mützenmitte nähen.

Neue Zöpfe in Lieblingsblau

Herrensocken mit Zopfrauten

Schwierigkeit: ✱✱
Größe: 42/43

Materialbedarf:
„Meilenweit" von Lana Grossa
(80 % Schurwolle, 20 % Polyamid,
LL = 210 m/50 g): 150 g Jeans 1293
Nadel-Spiel Nr. 2,5

Bundmuster:
1. Rd: *2 M re, 2 M li, ab * wdh
2. Rd: *2 M verkreuzen (= die 2. M hinter der 1. M re, dann die 1. M re stricken), 2 M li, ab * wdh
Die 1. und 2. Rd stets wdh.
Glatt re: Hin-R re M, Rück-R li M; in Rd nur re M
Kraus re: Hin- und Rück-R re M
Zopfrautenmuster: Laut Strickschrift arb. Die 1.-8. Rd stets wdh.
Maschenprobe, glatt re: 28 M und 40 R = 10 x 10 cm

So wird es gemacht:
Anschlag je 64 M (= 16 M pro Nadel) und 3 cm Bundmuster stricken.
Dann im Zopfrautenmuster weiterarb, dabei in der 1. Rd pro Nadel verteilt 3 M zunehmen = 76 M.
Nach 18 cm ab Bund die M so einteilen, dass je ein Zopf in der vorderen und hinteren Mitte liegt. Auf der 1. und 4. Nadel verteilt 6 M abnehmen und über diese 32 M mit der Ferse beginnen. Die Socken laut Lehrgang und Größentabelle auf den Seiten 56-58 weiterarb, dabei die äußeren je 3 M der Fersenwand kraus re stricken.
Nach der Ferse auf der 2. und 3. Nadel jeweils die 2 li M li zusammenstricken, die restlichen 34 M im Zopfrautenmuster mit beidseitig einem schmalen Zopf über je 3 M weiterarb (= 2 M auf 1 Hilfs-Nadel vor die Arbeit legen, 1 M re, dann die M der Hilfs-Nadel re stricken), die restlichen M glatt re stricken. Die Zwickelabnahmen so oft wdh, bis insgesamt 68 M vorhanden sind.
Nach 22,5 cm Fußlänge mit der Bandspitze beginnen, dabei für die Abnahmen jeweils die dritt- und zweitletzte M der 1. und 3. Nadel re verschränkt zusammenstricken sowie die 2. und 3. M der 2. und 4. Nadel re zusammenstricken.

TIPP: Raffen statt Rutschen
Verwenden Sie beim Fersenstricken Raffnadeln (= große Sicherheitsnadeln) zum Stilllegen der restlichen Maschen, so können Ihnen keine Maschen von der Nadel rutschen. Oder Sie sichern die Nadelenden mit Korken oder Maschenstoppern aus dem Handarbeitsgeschäft.

Strickschrift

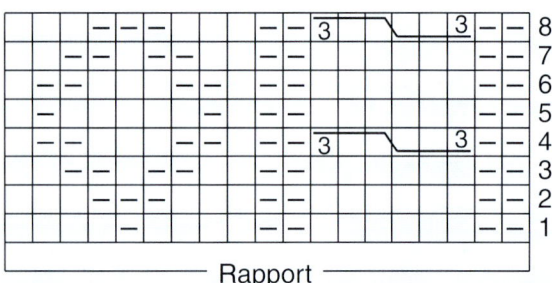

Rapport

Zeichenerklärung:
☐ = 1 M re
― = 1 M li
= 3 M auf 1 Hilfs-Nadel vor die Arbeit legen, 3 M re, dann die M der Hilfs-Nadel re stricken

Mustermaschen für Ihn

Schal

Schwierigkeit: ✱✱
Größe: 13 x 120 cm

Materialbedarf:
„Bingo" von Lana Grossa
(100 % Schurwolle, LL = 80 m/50 g):
300 g Dunkelblau 14
1 lange Rundstrick-Nadel Nr. 5,5
und Häkel-Nadel Nr. 5

Aranmuster: Laut Strickschrift 1 x die 1.-16. Rd und 1 x die 1.-12. Rd arb.
Maschenprobe im Aranmuster: 17,5 M und 22 R = 10 x 10 cm

So wird es gemacht:
Anschlag 420 M und in Rd im Aranmuster stricken. Nach 28 Rd ab Anschlag alle M abketten.
Das Teil zusammenlegen und die Längskanten zusammenhäkeln: 1 feste M und 1 Lftm im Wechsel. In die Schalenden Fransen aus je drei 20 cm langen Fäden einknüpfen.

Mütze

Schwierigkeit: ✱✱
Größe: 56-58 cm Kopfumfang

Materialbedarf:
„Bingo" von Lana Grossa
(100 % Schurwolle, LL = 80 m/50 g):
150 g Dunkelblau 14
Nadel-Spiel Nr. 5

Aranmuster: Laut Strickschrift arb. Die 1.-12. Rd stets wdh.
Rippenmuster 1: 1 M re, 1 M li im Wechsel
Rippenmuster 2: 2 M re, 2 M li im Wechsel
Maschenprobe im Aranmuster: 18 M und 22 R = 10 x 10 cm

So wird es gemacht:
Anschlag 105 M (= 1.+3. Nadel je 30 M, 2. Nadel 21 M, 4. Nadel 24 M) und im Aranmuster stricken. Nach 24 Rd ab Anschlag die Arbeit für den Umschlag wenden und im Rippenmuster 2 weiterarb, dabei in der 1. Rd 1 M abnehmen = 104 M (= 26 M pro Nadel). Nach 18 cm ab Umschlag stets 2 M re bzw. li zusammenstricken, dann im Rippenmuster 1 weiterarb. Nach weiteren 3 Rd stets 2 M re zusammenstricken, noch 2 Rd re M stricken, dann wieder stets 2 M re zusammenstricken und restliche 13 M mit dem Faden zusammenziehen. Das Aranmuster als Umschlag nach außen schlagen.

Handschuhe

Schwierigkeit: ✱✱✱
Größe: 8-9

Materialbedarf:
„Bingo" von Lana Grossa
(100 % Schurwolle, LL = 80 m/50 g):
150 g Dunkelblau 14
Nadel-Spiel Nr. 4

Glatt re: in Rd nur re M
Rippenmuster 2: 2 M re, 2 M li im Wechsel
Aranmuster: Laut Strickschrift arb. Die 1.-12. Rd stets wdh.
Maschenprobe, glatt re: 22 M und 30 R = 10 x 10 cm

So wird es gemacht:
Für den re Handschuh 60 M anschlagen (= 15 M pro Nadel) und im Aranmuster stricken. Nach 33 Rd ab Anschlag verteilt 8 M abnehmen = 52 M (= 13 M pro Nadel) und im Rippenmuster 2 weiterarb. Gleichzeitig mit dem Daumenkeil beginnen, dafür die 2. M der 4. Nadel markieren und gemäß den Handschuhregeln auf Seite 59 zunehmen, bis 17 Keil-M vorhanden sind. Diese M stilllegen und dafür 5 Steg-M neu anschlagen, diese nach den Handschuhregeln wieder abnehmen. Gerade weiterarb, nach 30 Rd ab Aranmuster verteilt 4 M abnehmen = 48 M (= 12 M pro Nadel) und mit den Fingern gemäß den Handschuhregeln beginnen. Die Finger glatt re stricken. Für den Zeigefinger die letzten 7 M des Handrückens und die ersten 7 M der Innenhand abstricken und 2 M für den Steg neu anschlagen = 16 M. Nach 24 Rd den Finger beenden. Für den Mittelfinger 6 M des Handrückens abstricken, 2 M aus dem Steg auffassen, die folgenden 6 M der Innenhand abstricken und 2 M für den Steg anschlagen = 16 M. Nach 28 Rd den Finger beenden. Den Ringfinger wie den Mittelfinger arb und nach 24 Rd beenden. Für den kleinen Finger die restlichen 10 M abstricken und 2 M aus dem Steg auffassen = 12 M, nach 18 Rd den Finger beenden. Nun den Daumen gemäß den Handschuhregeln arb und nach 18 Rd beenden.
Den li Handschuh gegengleich arb.

Strickschrift

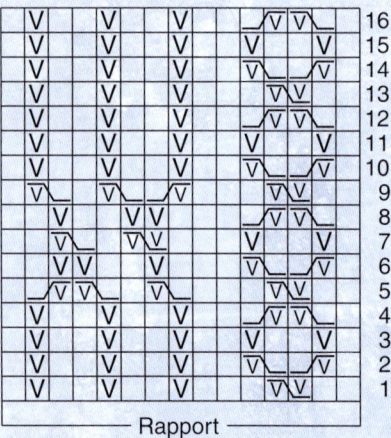

Rapport

Zeichenerklärung:

⊻ = 1 M re verschränkt
☐ = 1 M li
⊻⊻ = 1 M auf 1 Hilfs-Nadel vor die Arbeit legen, 1 M re verschränkt, dann die M der Hilfs-Nadel re verschränkt stricken
⊻⌐ = 1 M auf 1 Hilfs-Nadel vor die Arbeit legen, 1 M li, dann die M der Hilfs-Nadel re verschränkt stricken
⌐⊻ = 1 M auf 1 Hilfs-Nadel hinter die Arbeit legen, 1 M re verschränkt, dann die M der Hilfs-Nadel li stricken

Motivsocken für echte Pferdefans

Pferde-Socken in Rost

Schwierigkeit: ✶ ✶
Größe: 30/31

Materialbedarf:
„Meilenweit" von Lana Grossa
(80 % Schurwolle, 20 % Polyamid,
LL = 210 m/50 g): je 50 g Rost 1282,
Dunkelgrau 1105, Grau 1104,
Lindgrün 1286 und Natur 1113
Nadel-Spiel Nr. 3

Glatt re: Hin-R re M, Rück-R li M; in Rd nur re M
Glatt li: in Rd nur li M
Kraus re: Hin- und Rück-R re M
Pferdekopf: Nachträglich laut Zählmuster 1 im Maschenstich aufsticken (siehe Stickschule auf Seite 60/61). Die Konturen mit dunkelgrauen Stielstichen sticken, eventuell mit geteiltem Faden.
Maschenprobe, glatt re: 28 M und 40 R = 10 x 10 cm

So wird es gemacht:
Anschlag je 52 M in Dunkelgrau (= 13 M pro Nadel) und für den Rollrand 8 Rd glatt li stricken, dann in Rost glatt re weiterarb. Nach 12 cm ab Rollrand mit der Ferse in Dunkelgrau beginnen und die Socken laut Lehrgang und Größentabelle auf den Seiten 56-58 weiterarb. Dabei die äußeren je 3 M der Fersenwand kraus re stricken. Nach der Ferse in Rost weiterarb und nach 16 cm Fußlänge mit der Bandspitze in Dunkelgrau beginnen. Die re Socke laut Zählmuster, die li Socke gegengleich besticken. Dabei das Motiv 1 Rd über der Ferse seitlich am Schaft anordnen.

Pferde-Socken in Jeansblau

Schwierigkeit: ✶ ✶
Größe: 32/33

Materialbedarf:
„Meilenweit" von Lana Grossa
(80 % Schurwolle, 20 % Polyamid,
LL = 210 m/50 g): 100 g Jeansblau 1136,
je 50 g Rotbraun 1290, Schwarz 1106
und Natur 1113
Nadel-Spiel Nr. 2,5 und 3

Rippenmuster mit Nadel Nr. 2,5: 1 M re, 1 M li im Wechsel
Folgende Muster mit Nadel Nr. 3 stricken!
Glatt re: Hin-R re M, Rück-R li M; in Rd nur re M
Kraus re: Hin- und Rück-R re M
Pferdekopf: Nachträglich laut Zählmuster 2 im Maschenstich aufsticken (siehe Stickschule auf Seite 60/61). Konturen mit schwarzen Stielstichen sticken, eventuell mit geteiltem Faden.
Maschenprobe, glatt re: 28 M und 40 R = 10 x 10 cm

So wird es gemacht:
Anschlag je 56 M in Jeansblau (= 14 M pro Nadel) und 5 cm Rippenmuster stricken, dann glatt re weiterarb. Nach 12 cm ab Bund mit der Ferse beginnen und die Socken laut Lehrgang und Größentabelle auf den Seiten 56-58 weiterarb. Dabei die äußeren je 3 M der Fersenwand kraus re stricken. Nach 17 cm Fußlänge mit der Bandspitze beginnen.
Die re Socke laut Zählmuster, die li Socke gegengleich besticken. Dabei das Motiv 5 Rd über der Ferse seitlich am Schaft anordnen.

Zeichenerklärung:
1 Kästchen = 1 M und 1 R

- ▨ = Jeansblau
- ▨ = Rotbraun
- ▨ = Dunkelbraun
- ▨ = Beige
- ▨ = Rost
- ▨ = Dunkelgrau
- ▨ = Grau
- ▨ = Schwarz
- ▨ = Ziegelrot
- ▨ = Grün
- ▨ = Lindgrün
- ▨ = Natur

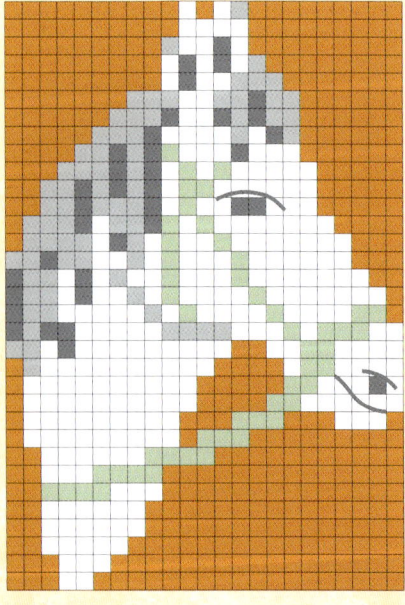

Zählmuster 1

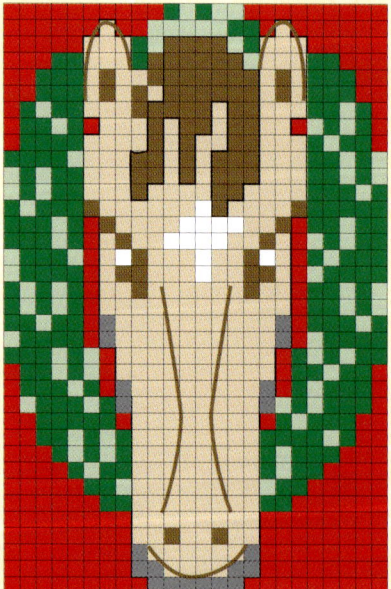

Zählmuster 2

Zählmuster 3

Pferde-Socken in Ziegelrot

Schwierigkeit: ✱✱
Größe: 34/35

Materialbedarf:
„Meilenweit" von Lana Grossa (80 % Schurwolle, 20 % Polyamid, LL = 210 m/50 g): 100 g Ziegelrot 1285, je 50 g Grün 1288, Beige 1289, Dunkelbraun 1291, Grau 1104, Lindgrün 1286 und Natur 1113 Nadel-Spiel Nr. 3

Glatt re: Hin-R re M, Rück-R li M; in Rd nur re M
Glatt li: in Rd nur li M
Kraus re: Hin- und Rück-R re M
Pferdekopf: Nachträglich laut Zählmuster 3 im Maschenstich aufsticken (siehe Stickschule auf Seite 60/61). Konturen mit dunkelbraunen Stielstichen sticken, eventuell mit geteiltem Faden.
Maschenprobe, glatt re: 28 M und 40 R = 10 x 10 cm

So wird es gemacht:
Anschlag je 56 M in Grün (= 14 M pro Nadel) und für den Rollrand 8 Rd glatt li stricken, dann in Ziegelrot glatt re weiterarb. Nach 15 cm ab Rollrand mit der Ferse in Grün beginnen und die Socken laut Lehrgang und Größentabelle auf den Seiten 56-58 weiterarb. Dabei die äußeren je 3 M der Fersenwand kraus re stricken. Nach der Ferse in Ziegelrot weiterarb und nach 18,5 cm Fußlänge mit der Bandspitze in Grün beginnen. Die re Socke laut Zählmuster, die li Socke gegengleich besticken. Dabei das Motiv 9 Rd über der Ferse seitlich am Schaft anordnen.

Schöne, warme Hände

Fäustlinge in Dunkelgrün

Schwierigkeit: **
Größe: 7-8

Materialbedarf:
„Meilenweit" von Lana Grossa
(80 % Schurwolle, 20 % Polyamid,
LL = 210 m/50 g):
100 g Dunkelgrün 1274
Nadel-Spiel Nr. 3

Glatt re: in Rd nur re M
Zopf über 10 M: Laut Strickschrift arb.
Die 1.-6. Rd stets wdh.
Strukturmuster nach re: 2 M re, 2 M li
im Wechsel, das Muster in jeder 3. Rd
um 1 M nach re versetzen
Strukturmuster nach li: 2 M re, 2 M li
im Wechsel, das Muster in jeder 3. Rd
um 1 M nach li versetzen
Maschenprobe, glatt re: 28 M und 40 R =
10 x 10 cm

So wird es gemacht:
Für den re Fäustling 56 M anschlagen
(= 1.+4. Nadel je 14 M, 2. Nadel 18 M,
3. Nadel 10 M) und wie folgt stricken:
22 M Strukturmuster nach re, 10 M Zopf
und 24 M Strukturmuster nach li. Nach
54 Rd ab Anschlag die Strukturmuster-M
glatt re weiterstricken, den Zopf auf dem
Handrücken fortsetzen und mit dem
Daumenkeil beginnen. Dafür die 2. M
der 4. Nadel markieren und gemäß den
Handschuhregeln auf Seite 59 zunehmen,
jedoch die ersten 4 Zunahmen in jeder
3. Rd ausführen, restliche Zunahmen in
jeder 2. Rd. Wenn 19 Keil-M vorhanden
sind, diese M stilllegen und dafür
5 Steg-M neu anschlagen, diese nach den
Handschuhregeln wieder abnehmen.
Gerade weiterarb und nach 14 cm ab
Strukturmuster mit der Spitze beginnen.
Dafür in jeder 2. Rd jeweils die 2. und
3. M der 2. und 4. Nadel sowie die drittt-
und zweitletzte M der 1. und 3. Nadel li
zusammenstricken. Restliche M zusammenziehen. Nun den Daumen gemäß
den Handschuhregeln arb und nach 5 cm
beenden.
Den li Fäustling gegengleich arb.

Fingerhandschuhe

Schwierigkeit: ***
Größe: 7-8

Materialbedarf:
„Meilenweit" von Lana Grossa
(80 % Schurwolle, 20 % Polyamid,
LL = 210 m/50 g): 100 g Hellgrün 1281
Nadel-Spiel Nr. 3

Glatt re: in Rd nur re M
Lochmuster: Laut Strickschrift arb. Die
1.-4. Rd stets wdh.
Noppe: 2 M re zusammenstricken, ohne
sie von der Nadel gleiten zu lassen,
*1 Umschlag und die M nochmals re
zusammenstricken, ab * noch 2 x wdh,
wenden, 7 M li, wenden, die 2.-7. M
über die 1. M ziehen und aus dieser
M 1 M re und 1 M re verschränkt herausstricken
Maschenprobe, glatt re: 28 M und 40 R =
10 x 10 cm

So wird es gemacht:
Für den re Handschuh 56 M anschlagen
(= 14 M pro Nadel) und im Lochmuster
stricken. Die M der 1. und 2. Nadel bilden die Innenhand, die M der 3. und
4. Nadel den Handrücken. Nach 44 Rd
ab Anschlag die M der Innenhand glatt
re, die M des Handrückens im Lochmuster weiterarb. Jedoch nach 4 Rd das
Lochmuster beidseitig in jeder 2. Rd um
1 M verringern, bis alle M glatt re gestrickt
werden, dabei die Lochmusterstreifen
jeweils mit 1 Noppe beenden, siehe 5. Rd
der Strickschrift. Gleichzeitig mit dem
Daumenkeil beginnen, dafür die 2. M der
1. Nadel markieren und gemäß den
Handschuhregeln auf Seite 59 zunehmen,
bis 19 Keil-M vorhanden sind. Diese M
stilllegen, dafür 5 Steg-M neu anschlagen
und diese nach den Handschuhregeln
wieder abnehmen. Gerade weiterarb und
nach 20 cm ab Anschlag mit den Fingern
gemäß den Handschuhregeln beginnen.
Für den Zeigefinger die letzten 8 M des
Handrückens und die ersten 8 M der
Innenhand abstricken und 2 M für den
Steg anschlagen = 18 M. Nach 30 Rd den
Finger beenden. Für den Mittelfinger 7 M
des Handrückens abstricken, 2 M aus
dem Steg auffassen, die folgenden 7 M
der Innenhand abstricken und 2 M für
den Steg anschlagen = 18 M. Nach 35 Rd
den Finger beenden. Den Ringfinger wie
den Mittelfinger arb und nach 30 Rd
beenden. Für den kleinen Finger restliche
12 M abstricken und 2 M aus dem Steg
auffassen = 14 M, nach 20 Rd den Finger
beenden. Nun den Daumen gemäß den
Handschuhregeln arb und nach 18 Rd
beenden.
Den li Handschuh gegengleich arb.

**Fäustlinge in Dunkelgrün
Strickschrift**

**Fingerhandschuhe
Strickschrift**

Zeichenerklärung:

☐ = 1 M re
− = 1 M li
U = 1 Umschlag
⟋ = 2 M re zusammenstricken
⟍ = 2 M re verschränkt zusammenstricken
2⟍2 = 2 M auf 1 Hilfs-Nadel vor die
Arbeit legen, 2 M re, dann die M
der Hilfs-Nadel re stricken
2⟋2 = 2 M auf 1 Hilfs-Nadel hinter die
Arbeit legen, 2 M re, dann die M
der Hilfs-Nadel re stricken
N = 1 Noppe, siehe Text

Damenset im Ethno-Look

Handschuhe

Schwierigkeit: ✶✶✶
Größe: 7-8

Materialbedarf:
„Meilenweit Tweed" von Lana Grossa
(80 % Schurwolle, 20 % Polyamid,
LL = 210 m/50 g): 50 g Natur 106
„Meilenweit" von Lana Grossa
(80 % Schurwolle, 20 % Polyamid,
LL = 210 m/50 g): je 50 g Braun 1291,
Rotbraun 1285 und Oliv 1288
Nadel-Spiel Nr. 2,5 und 3

Rippenmuster mit Nadel Nr. 2,5: 1 M re, 1 M li im Wechsel
Die folgenden Muster mit Nadel Nr. 3 stricken!
Glatt re: in Rd nur re M
Bordüre: Glatt re laut Zählmuster 2 in Norwegertechnik mit mehreren Knäueln arb, dabei den unbenutzten Faden stets locker auf der Arbeitsrückseite mitführen.
Streifenfolge: je 2 Rd Natur, *Rotbraun, Natur, Braun und Oliv, ab * wdh
Lama-Motiv: Nachträglich laut Zählmuster 3 im Maschenstich aufsticken (siehe Stickschule auf Seite 60/61).
Maschenprobe, glatt re: 28 M und 40 R = 10 x 10 cm

So wird es gemacht:
Für den re Handschuh 56 M in Natur anschlagen (= 14 M pro Nadel) und 2 cm Rippenmuster stricken, dabei in der letzten Rd verteilt 4 M zunehmen = 60 M (= 15 M pro Nadel). Die M der 1. und 2. Nadel bilden die Innenhand, die M der 3. und 4. Nadel den Handrücken. Anschließend glatt re 2 Rd Natur, 35 Rd Bordüre und weiter in Natur stricken. Nach 2 Rd ab Bordüre den Daumenkeil beginnen, dafür die 5. M der Innenhand markieren und gemäß den Handschuhregeln auf Seite 59 zunehmen, bis 21 Keil-M vorhanden sind. Diese M stilllegen und für den Steg 7 M neu anschlagen. Nach 2 Rd die Steg-M wie folgt wieder abnehmen: die ersten 2 M re verschränkt zusammenstricken, die letzten 2 M re zusammenstricken. Diese Abnahmen in jeder 2. Rd wdh, bis insgesamt 60 M vorhanden sind. Bis zur Fingerwurzel des kleinen Fingers hoch stricken, dann die Finger gemäß den Handschuhregeln arb. Für den kleinen Finger in Braun die letzten 7 M der Innenhand sowie die ersten 7 M des Handrückens abstricken und 2 M für den Steg anschlagen = 16 M. Bei allen Fingern ca. 1 cm vor gewünschter Fingerhöhe die Spitze arb. Nun über die restlichen M noch 1 cm gerade stricken, dabei aus dem Steg 2 M auffassen = 48 M. Dann für den Ringfinger in Rotbraun die letzten 8 M der Innenhand und die ersten 8 M des Handrückens abstricken und 3 M für den Steg anschlagen = 19 M. Für den Mittelfinger in Oliv die letzten 8 M der Innenhand abstricken, 3 M aus dem Steg auffassen, die ersten 8 M des Handrückens abstricken und 3 M anschlagen = 22 M. Für den Zeigefinger in Natur restliche 16 M abstricken und 3 M aus dem Steg auffassen = 19 M. Für den Daumen zu den stillgelegten Keil-M noch 7 M aus dem Steg auffassen und glatt re laut Streifenfolge stricken, dabei die Steg-M wie zuvor abnehmen = 22 M.
Den li Handschuh gegengleich arb.
Auf den Handrücken das Lama-Motiv sticken mit 6 Rd Abstand zur Bordüre.

Indio-Mütze

Schwierigkeit: ✶✶
Größe: 52-54 cm Kopfumfang

Materialbedarf:
„Meilenweit Tweed" von Lana Grossa
(80 % Schurwolle, 20 % Polyamid,
LL = 210 m/50 g): 50 g Natur 106
„Meilenweit" von Lana Grossa
(80 % Schurwolle, 20 % Polyamid,
LL = 210 m/50 g): 50 g Braun 1291
Nadel-Spiel Nr. 3

Glatt re: Hin-R re M, Rück-R li M; in Rd nur re M
Bordüre: Glatt re laut Zählmuster 2 in Norwegertechnik mit mehreren Knäueln arb, dabei den unbenutzten Faden stets locker auf der Arbeitsrückseite mitführen.
Maschenprobe in Norwegertechnik: 26 M und 40 R = 10 x 10 cm

So wird es gemacht:
132 M in Natur anschlagen (= 33 M pro Nadel) und in Rd glatt re stricken. Nach 7 Rd ab Anschlag die Bordüre arb, danach in Natur weiterstricken. In der 1. Rd nach der Bordüre verteilt 4 M abnehmen = 128 M. Nun jede 16. M mit einem Faden markieren und 11 x in jeder 2. Rd die markierte M mit der M davor re zusammenstricken = 40 M. Dann noch 5 x in jeder 2. Rd und 3 x in jeder 4. Rd jede 2. markierte M mit der M davor re zusammenstricken = 8 M. Nach 46 Rd ab Bordüre restliche M mit dem Faden zusammenziehen. Für die Ohrklappen je 32 M in Natur anschlagen und glatt re stricken. Nach 16 R ab Anschlag beidseitig in jeder 4. R 3 x 1 M, in jeder 2. R 4 x 1, 1 x 2 und 1 x 3 M, dann restliche M abketten.
Die Ohrklappen beidseitig von innen in Höhe der 1. Bordüren-Rd annähen. Nun je einen Zopf unten an die Ohrklappen bzw. an die Mützenspitze arb. Für einen Zopf je 6 braune und naturfarbene Fäden einknüpfen, einen ca. 18 bzw. 15 cm langen Zopf flechten, die Enden verknoten, hängen lassen und auf ca. 23 bzw. 20 cm Gesamtlänge kürzen.

Dreiecktuch

Schwierigkeit: ✶

Materialbedarf:
„Cin-Cin" von Lana Grossa
(45 % Schurwolle, 45 % Acryl, 10 % Polyamid, LL = 65 m/50 g): 350 g Natur 8 und 50 g Braun 13
Schnellstrick-Nadel Nr. 6

Glatt re: Hin-R re M, Rück-R li M
Bordüre: Glatt re laut Zählmuster 1 in Norwegertechnik mit mehreren Knäueln arb, dabei den unbenutzten Faden stets locker auf der Arbeitsrückseite mitführen.
Maschenprobe, glatt re: 11 M und 20 R = 10 x 10 cm

So wird es gemacht:
3 M in Natur anschlagen und glatt re stricken, dabei beidseitig in jeder 2. R 88 x 1 M zunehmen = 179 M. Nach 77 cm = 154 R ab Anschlag die Bordüre einstricken, dabei das Muster von der Mitte aus einteilen. Danach in Natur weiterstricken. Nach 89 cm = 178 R ab Anschlag alle M abketten.
An die schrägen Seitenkanten braune Fransen aus je zwei ca. 12 cm langen Fäden einknüpfen. An jeder Ecke einen braunen Zopf arb: je 4 lange Fäden an der Ecke einknüpfen. Einen 8 cm langen Zopf flechten, dann die Fäden verknoten, hängen lassen und auf 18 cm Gesamtlänge kürzen.

Zählmuster 1

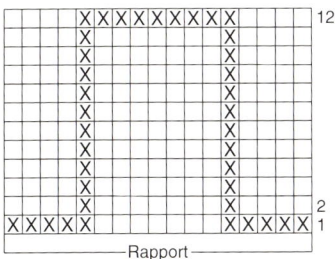

Zählmuster 2

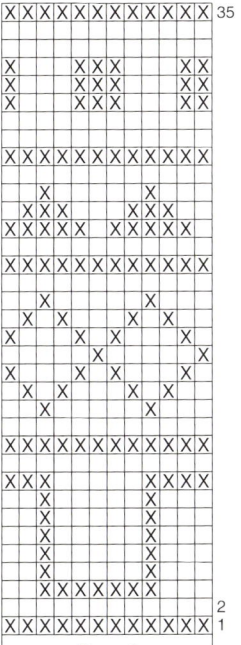

Zählmuster 3

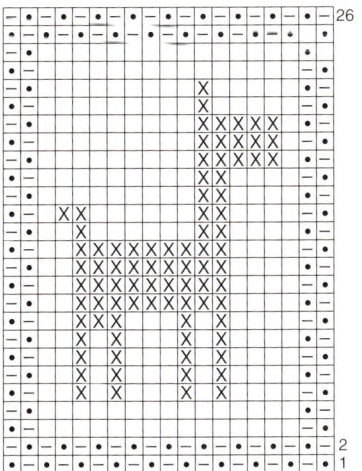

Zeichenerklärung:

1 Kästchen = 1 M und 1 R/Rd

 = Natur

☒ = Braun; bei Zählmuster 3 = 1 Maschenstich Braun

• = 1 Maschenstich Rotbraun

— = 1 Maschenstich Oliv

Folkloristische Bordüren aus Peru

Socken mit Jacquardbordüre

Schwierigkeit: ✶✶
Größe: 39/40

Materialbedarf:
„Meilenweit" von Lana Grossa
(80 % Schurwolle, 20 % Polyamid,
LL = 210 m/50 g): je 50 g Braun 1291
und Weinrot 1285
„Meilenweit Tweed" von Lana Grossa
(80 % Schurwolle, 20 % Polyamid,
LL = 210 m/50 g): 50 g Natur 106
Nadel-Spiel Nr. 2,5 und 3

Rippenmuster mit Nadel Nr. 2,5: 1 M re, 1 M li im Wechsel
Die folgenden Muster mit Nadel Nr. 3 stricken!
Glatt re: Hin-R re M, Rück-R li M; in Rd nur re M
Kraus re: Hin- und Rück-R re M
Jacquardbordüre: Glatt re laut Zählmuster in Norwegertechnik mit mehreren Knäueln arb, dabei den unbenutzten Faden stets locker auf der Arbeitsrückseite mitführen. In der Höhe 1 x die 1.-14. Rd und 1 x die 13.-1. Rd arb.
Maschenprobe, glatt re: 28 M und 40 R = 10 x 10 cm

So wird es gemacht:
Anschlag je 60 M in Braun (= 15 M pro Nadel) und 3 cm Rippenmuster stricken, dann glatt re in folgender Einteilung weiterarb: 2 Rd Weinrot, 6 Rd Natur, 2 Rd Weinrot, 27 Rd Jacquardbordüre, 2 Rd Weinrot und 6 Rd Natur. Dann mit der Ferse beginnen, dabei die 1. und 2. R in Weinrot, dann in Braun stricken. Die Socken laut Lehrgang und Größentabelle auf den Seiten 56-58 weiterarb, dabei die äußeren je 2 M der Fersenwand kraus re stricken. Nach der Ferse zunächst 2 Rd in Weinrot stricken, dann in Natur weiterarb. Nach 21 cm Fußlänge mit der Bandspitze beginnen, dabei zunächst 2 Rd in Weinrot, dann in Braun stricken.

Zeichenerklärung:

▪ = Braun
☐ = Natur
▪ = Weinrot
▪ = Camel

Indio-Socken mit Fransen

Schwierigkeit: ✶✶
Größe: 36/37

Materialbedarf:
„Meilenweit Tweed" von Lana Grossa
(80 % Schurwolle, 20 % Polyamid,
LL = 210 m/50 g): 100 g Natur 106
und 50 g Camel 127
„Meilenweit" von Lana Grossa
(80 % Schurwolle, 20 % Polyamid,
LL = 210 m/50 g): 50 g Weinrot 1285
Nadel-Spiel Nr. 3

Rippenmuster: 1 M re, 1 M li im Wechsel
Glatt re: Hin-R re M, Rück-R li M; in Rd nur re M
Kraus re: Hin- und Rück-R re M
Bordüre: Glatt re laut Zählmuster in Norwegertechnik mit mehreren Knäueln arb, dabei den unbenutzten Faden stets locker auf der Arbeitsrückseite mitführen.
Maschenprobe, glatt re: 28 M und 40 R = 10 x 10 cm

So wird es gemacht:
Anschlag je 60 M in Natur (= 15 M pro Nadel) und 7 cm Rippenmuster stricken, dann glatt re in Natur weiterarb. Nach 6 cm ab Bund 22 Rd Bordüre und noch 10 Rd in Natur stricken, dann mit der Ferse in Camel beginnen. Die Socken laut Lehrgang und Größentabelle auf den Seiten 56-58 weiterarb, dabei die äußeren je 2 M der Fersenwand kraus re stricken. Nach der Ferse in Natur weiterarb. Nach 19,5 cm Fußlänge mit der Bandspitze in Weinrot beginnen. An den oberen Sockenrand 18 Fransen abwechselnd in Weinrot, Camel und Natur einknüpfen, pro Franse drei 7 cm lange Fäden nehmen. Den Bund ca. 5 cm nach außen schlagen.

TIPP: Immer schön locker bleiben
Beim Einstricken von Bordüren ist es besonders wichtig, die Fäden auf der Arbeitsrückseite immer locker mitlaufen zu lassen. Wird der Faden zu fest gespannt, ziehen sich die gestrickten Maschen auf der Vorderseite unschön zusammen. Außerdem verliert das Gestrickte seine Elastizität und die Socke dehnt sich beim Anziehen nicht ausreichend. Beim Farbwechsel die Fäden auf der Arbeitsrückseite miteinander verkreuzen, damit keine Löcher entstehen.

Socken mit Jacquardbordüre
Zählmuster

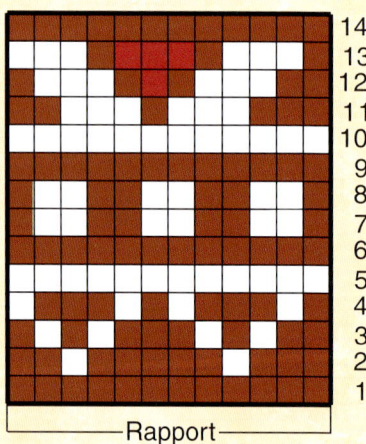

Indio-Socken mit Fransen
Zählmuster

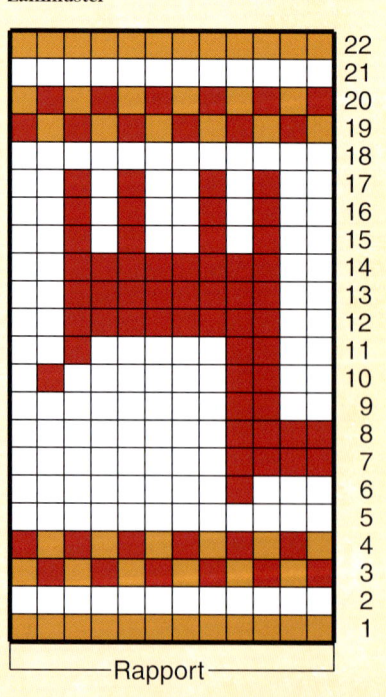

Handschuhstulpen

Variationen aus verschiedenen Effektgarnen

Schwierigkeit: ✷✷

Materialbedarf:
„Meilenweit Mouliné" von Lana Grossa
(80 % Schurwolle, 20 % Polyamid,
LL = 210 m/50 g): 50 g Oliv meliert 1300
oder „Pep" von Lana Grossa
(80 % Mikrofaser, 20 % Polyamid,
LL = 110 m/50 g): 50 g Dunkelgrün Fb 19
oder „Nuovo" von Lana Grossa
(76 % Merino, 24 % Mikrofaser,
LL = 130 m/50 g): 50 g Khaki Fb 1
Nadel-Spiel Nr. 3

Glatt re: in Rd nur re M
Rippenmuster: 2 M re, 2 M li im Wechsel
Zopfmuster: Laut Strickschrift arb.
Die 1.-16. Rd stets wdh.
Maschenprobe, glatt re: 28 M und 40 R = 10 x 10 cm

So wird es gemacht:
Die Handschuhstulpen aus „Meilenweit" und „Nuovo" werden nach der gleichen Anleitung gestrickt.
Für die re Stulpe 50 M anschlagen (= 1. Nadel 16 M, 2.+3. Nadel je 10 M, 4. Nadel 14 M) und wie folgt stricken: 16 M Zopfmuster und 34 M Rippenmuster. Nach 40 Rd = 10 cm ab Anschlag mit dem Daumenkeil beginnen, dafür die 6. M der 2. Nadel markieren und gemäß den Handschuhregeln auf Seite 59 zunehmen, bis 17 M vorhanden sind. Diese Keil-M abketten, dafür 5 Steg-M neu anschlagen und nach den Handschuhregeln wieder abnehmen. Dann alle M abketten.
Die li Stulpe gegengleich arb, d. h., die sechstletzte M der 4. Nadel für den Daumenkeil markieren.

Die Handschuhstulpen aus „Pep" werden ohne Zopfmuster gestrickt. Dafür je 48 M anschlagen (= 12 M pro Nadel) und ganz im Rippenmuster arb. Für den Daumenkeil die 2. M der 1. Nadel markieren. Beide Stulpen gleich arb.

Strickschrift

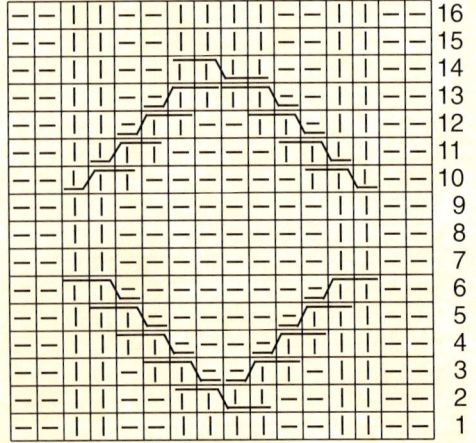

Zeichenerklärung:

| = 1 M re
— = 1 M li
⟋⟋ = 2 M auf 1 Hilfs-Nadel vor die Arbeit legen, 2 M re, dann die M der Hilfs-Nadel re stricken
⟍⟋ = 1 M auf 1 Hilfs-Nadel hinter die Arbeit legen, 2 M re, dann die M der Hilfs-Nadel li stricken
⟋⟋ = 2 M auf 1 Hilfs-Nadel vor die Arbeit legen, 1 M li, dann die M der Hilfs-Nadel re stricken
⟍⟋ = 1 M auf 1 Hilfs-Nadel hinter die Arbeit legen, 2 M re, dann die M der Hilfs-Nadel re stricken
⟋⟋ = 2 M auf 1 Hilfs-Nadel vor die Arbeit legen, 1 M re, dann die M der Hilfs-Nadel re stricken

Warmes Rot gegen Winterkälte

Schal

Schwierigkeit: *
Größe: 42 x 130 cm

Materialbedarf:
„Go" von Lana Grossa (45 % Acryl, 43 % Schurwolle, 12 % Polyamid, LL = 70 m/50 g): 350 g Rot meliert 11 Schnellstrick-Nadel Nr. 7 und Häkel-Nadel Nr. 7

Grundmuster:
1. R: Rand-M, *2 M re, 3 M li, ab * wdh, 2 M re, Rand-M
2. R: Rand-M, *2 M li, 3 M re, ab * wdh, 2 M li, Rand-M
Die 1. und 2. R stets wdh.
Häkelfransen: 1 feste M, *11 Lftm, in die 2. Lftm ab Nadel: 4 x 1 feste M und 1 Lftm im Wechsel, mit 1 Kett-M zum Kreis schließen, dann die restlichen Lftm mit Kett-M behäkeln, am Schal mit 3 bis 4 festen M zur nächsten re Rippe weitergehen, ab * wdh
Maschenprobe im Grundmuster:
14 M und 18 R = 10 x 10 cm

So wird es gemacht:
Anschlag 59 M und im Grundmuster stricken. Nach 130 cm ab Anschlag alle M abketten.
Nun an die Schalenden die Häkelfransen häkeln.

Mütze

Schwierigkeit: *
Größe: 54-56 cm Kopfumfang

Materialbedarf:
„Go" von Lana Grossa (45 % Acryl, 43 % Schurwolle, 12 % Polyamid, LL = 70 m/50 g): 150 g Rot meliert 11 Nadel-Spiel Nr. 7

Grundmuster: 2 M re und 3 M li im Wechsel
Maschenprobe im Grundmuster:
14 M und 18 R = 10 x 10 cm

So wird es gemacht:
Anschlag 75 M (= 1.-3. Nadel je 20 M, 4. Nadel 15 M) und im Grundmuster stricken. Nach 25 cm ab Anschlag die 1. und 2. M sowie jede folgende 14. und 15. M mit einem Faden markieren (jede 3. re Rippe). Nun für die Abnahmen jeweils die 1. markierte M mit der M davor re zusammenstricken und jede 2. markierte M mit der folgenden M überzogen zusammenstricken (= 1 M re abheben, 1 M re, dann die abgehobene M überziehen). Diese Abnahmen noch 2 x in jeder 2. Rd und 3 x in jeder Rd wdh. Restliche 15 M mit einem Faden zusammenziehen.
Den unteren Rand als Umschlag nach außen schlagen.

Gärtnerhandschuhe

Schwierigkeit: **
Größe: 7-8

Materialbedarf:
„Meilenweit" von Lana Grossa (80 % Schurwolle, 20 % Polyamid, LL = 210 m/50 g): 50 g Weinrot 1125
„Go" von Lana Grossa (45 % Acryl, 43 % Schurwolle, 12 % Polyamid, LL = 70 m/50 g): 50 g Rot meliert 11 Nadel-Spiel Nr. 3 und 7

Glatt re: in Rd nur re M
Rippenmuster: 1 M re, 1 M li im Wechsel
Grundmuster: 2 M re und 3 M li im Wechsel
Maschenprobe, glatt re mit „Meilenweit":
28 M und 40 R = 10 x 10 cm

So wird es gemacht:
Für den re Handschuh 56 M in Weinrot mit Nadel Nr. 3 anschlagen (= 14 M pro Nadel) und glatt re stricken. Nach 5 cm mit dem Daumenkeil beginnen, dafür die 2. M der Innenhand markieren und gemäß den Handschuhregeln auf Seite 59 zunehmen, jedoch nur in jeder 3. Rd. Wenn 15 Keil-M vorhanden sind, diese M stilllegen und dafür 5 Steg-M neu anschlagen. Die Steg-M in der 3. und 6. Rd gemäß den Handschuhregeln wieder abnehmen. Gerade weiterarb und nach 13 cm ab Anschlag mit den Fingern gemäß den Handschuhregeln beginnen. Für den kleinen Finger die letzten 6 M der Innenhand sowie die ersten 6 M des Handrückens abstricken und für den Steg 2 M anschlagen = 14 M. Nach 3 cm die M abketten. Zu den restlichen M 2 M aus dem Steg auffassen = 46 M und noch 4 Rd stricken. Nun für den Ringfinger die letzten 8 M der Innenhand und die ersten 8 M des Handrückens abstricken und 2 M für den Steg anschlagen = 18 M. Für den Mittelfinger 7 M des Handrückens abstricken, 2 M für den Steg anschlagen, die folgenden 7 M der Innenhand abstricken und 2 M aus dem Steg auffassen = 18 M. Für den Zeigefinger die restlichen 16 M abstricken und 2 M aus dem Steg auffassen = 18 M. Alle Finger nach 4 cm abketten. Nun den Daumen gemäß den Handschuhregeln arb und ebenso nach 4 cm abketten.
Für die Fingerkappe 48 M in Weinrot anschlagen (= 12 M pro Nadel) und 1,5 cm Rippenmuster stricken, dann glatt re weiterarb. Nach 6,5 cm ab Anschlag die Spitze wie für Fäustlinge arb, dabei 3 x in jeder 2. Rd, dann in jeder Rd abnehmen. Die Fingerkappe auf dem Handrücken unterhalb der Fingeransätze annähen.
Für den Schaft aus dem Anschlagrand 30 M in Rot meliert mit Nadel Nr. 7 auffassen (= 1.+3. Nadel je 7 M, 2.+4. Nadel je 8 M) und im Grundmuster stricken. Nach 18 cm die M abketten.
Den li Handschuh gegengleich arb.

Schmusedecke und Kuschelkissen

Kuscheldecke

Schwierigkeit: ✱
Größe: ca. 138 x 195 cm

Materialbedarf:
„Pertutti" von Lana Grossa
(60 % Schurwolle, 25 % Merino,
15 % Polyamid, LL = 40 m/50 g):
750 g Camel 29, je 600 g Beige 12
und Bernstein 33
Schnellstrick-Nadeln Nr. 10

Kraus re: Hin- und Rück-R re M
Flechtmuster: Laut Strickschrift 1 arb.
In den Rück-R die M stricken, wie sie erscheinen. In der Breite mit der M vor dem Rapport beginnen, den Rapport 2 x arb und mit der M nach dem Rapport enden. Die 1.-18. R stets wdh.
Karomuster: Laut Strickschrift 2 arb.
In den Rück-R die M stricken, wie sie erscheinen. In der Breite mit den M vor dem Rapport beginnen, den Rapport 2 x arb und mit den M nach dem Rapport enden. Die 1.-20. R stets wdh.
Gittermuster: Laut Strickschrift 3 arb. In der Breite die gezeichneten 20 M 1 x arb. Die 1.-20. R stets wdh.
Musterflächen: Gemäß der Schemazeichnung mit mehreren Knäueln arb. Beim Farbwechsel die Fäden auf der Arbeitsrückseite miteinander verkreuzen. Jedes Musterkaro geht über 20 M und 26 R.
Maschenprobe im Musterdurchschnitt:
9,5 M und 14 R = 10 x 10 cm

So wird es gemacht:
Anschlag: 21 M in Beige, je 20 M in Bernstein, Camel, Beige, Bernstein und 21 M in Camel = 120 M + 2 Rand-M. Nun die Musterflächen stricken. Nach 260 R ab Anschlag alle M abketten. Die Randblenden in Camel stricken. Dafür an den Längsseiten pro Karo 18 M = 180 M, an den Schmalseiten pro Karo 19 M = 114 M auffassen und kraus re stricken, dabei für die Ecken beidseitig in jeder 2. R 4 x 1 M zunehmen. Nach 8 R die M abketten und die Ecken zusammennähen.

Drei Kuschelkissen

Schwierigkeit: ✱
Größen: je ca. 40 x 40 cm

Materialbedarf:
„Pertutti" von Lana Grossa
(60 % Schurwolle, 25 % Merino,
15 % Polyamid, LL = 40 m/50 g): je 250 g
Camel 29, Beige 12 und Bernstein 33
Schnellstrick-Nadeln Nr. 10, je ein passender Reißverschluss

Flechtmuster: Laut Strickschrift 1 arb.
In den Rück-R die M stricken, wie sie erscheinen. In der Breite mit 1 Rand-M und den M ab Pfeil A beginnen, den Rapport 2 x arb, enden mit den M bis Pfeil B und 1 Rand-M. Die 1.-18. R stets wdh.
Karomuster: Laut Strickschrift 2 arb.
In den Rück-R die M stricken, wie sie erscheinen. In der Breite mit 1 Rand-M und 1 M vor dem Rapport beginnen, den Rapport 4 x arb, enden mit 1 M nach dem Rapport und 1 Rand-M. In der Höhe mit der 19.+20. R beginnen, dann die 1.-20. R stets wdh.
Gittermuster: Laut Strickschrift 3 arb.
In der Breite mit 1 Rand-M und 1 M vor dem Rapport beginnen, den Rapport 2 x arb, enden mit 1 M nach dem Rapport und 1 Rand-M. Die 1.-20. R stets wdh.
Maschenprobe im Musterdurchschnitt:
9,5 M und 14 R = 10 x 10 cm

So wird es gemacht:
Für das Kissen in Camel 36 M anschlagen und im Flechtmuster stricken. Nach 110 R ab Anschlag alle M abketten.
Für das Kissen in Bernstein 36 M anschlagen und im Karomuster stricken. Nach 112 R ab Anschlag alle M abketten.
Für das Kissen in Beige 36 M anschlagen und im Gittermuster stricken. Nach 108 R ab Anschlag alle M abketten.
Die Teile jeweils zur Hälfte zusammenlegen und die Seitennähte schließen, dabei an der Unterkante einen Reißverschluss zwischenfassen.

Strickschrift 1

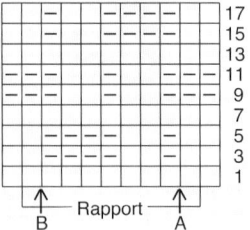

Strickschrift 2

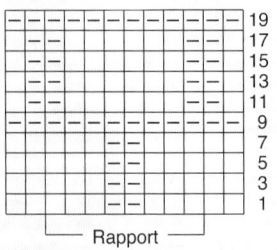

Strickschrift 3

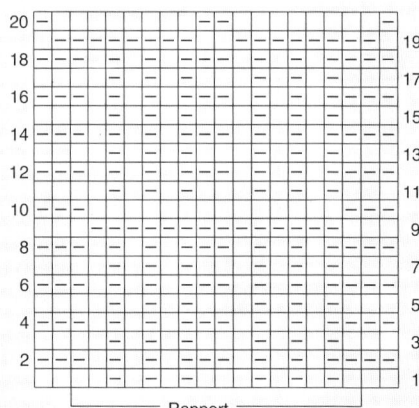

Zeichenerklärung Strickschriften:

☐ = 1 re M
⊟ = 1 li M

Schemazeichnung

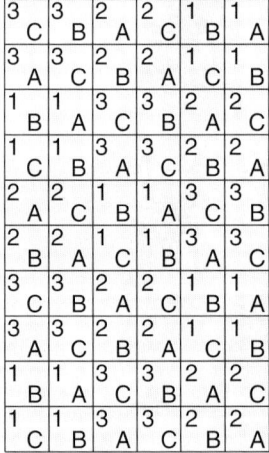

Zeichenerklärung Schemazeichnung:

1 Karo = 20 M und 26 R

1 = Flechtmuster
2 = Karomuster
3 = Gittermuster
A = Camel
B = Bernstein
C = Beige

Hebemaschen – einfach dekorativ

Socken im Hebemaschenmuster in Beige-Braun

Schwierigkeit: ✷✷
Größe: 42/43

Materialbedarf:
„Meilenweit" von Lana Grossa
(80 % Schurwolle, 20 % Polyamid,
LL = 210 m/50 g): je 50 g Beige 1258
und Braun 1291
Nadel-Spiel Nr. 2,5

Rippenmuster: 2 M re, 2 M li im Wechsel
Bundmuster im Rippenmuster: 4 Rd Beige; 6 Rd: 2 M re in Braun und 2 M li in Beige im Wechsel, dabei den unbenutzten Faden stets locker auf der Arbeitsrückseite mitführen; 4 Rd Beige
Glatt re: Hin-R re M, Rück-R li M; in Rd nur re M
Kraus re: Hin- und Rück-R re M
Hebemaschenmuster: Laut Strickschrift arb. Die 1.-6. Rd 1 x arb, dann die 3.- 6. Rd stets wdh. Die Buchstaben geben die zu strickende Fb an.
Maschenprobe, glatt re: 28 M und 40 R = 10 x 10 cm

So wird es gemacht:
Anschlag je 64 M in Beige (= 16 M pro Nadel) und das Bundmuster stricken, dabei in der letzten Rd auf der 2. und 3. Nadel je 1 M zunehmen = 66 M. Anschließend im Hebemaschenmuster weiterarb. Nach 16 cm ab Bund mit der Ferse in Beige beginnen und die Socken laut Lehrgang und Größentabelle auf den Seiten 56-58 weiterarb, dabei die äußeren je 3 M der Fersenwand kraus re stricken. Nach der Ferse im Hebemaschenmuster weiterarb, jedoch die M der 1. und 4. Nadel glatt re stricken. Nach 22,5 cm Fußlänge auf der 2. und 3. Nadel je 1 M abnehmen = 64 M und mit der Bandspitze in Beige beginnen. Dabei für die Abnahmen jeweils die dritt- und zweitletzte M der 1. und 3. Nadel re verschränkt zusammenstricken sowie die 2. und 3. M der 2. und 4. Nadel re zusammenstricken.

Socken im Hebemaschenmuster in Camel

Schwierigkeit: ✷✷
Größe: 40/41

Materialbedarf:
„Meilenweit" von Lana Grossa
(80 % Schurwolle, 20 % Polyamid,
LL = 210 m/50 g): 100 g Camel 1290,
je 50 g Braun 1291 und Sand 1289
Nadel-Spiel Nr. 2,5

Rippenmuster: 1 M re, 1 M li im Wechsel
Glatt re: Hin-Reihe re M, Rück-Reihe li M; in Rd nur re M
Kraus re: Hin- und Rück-R re M; in Rd abwechselnd je 1 Rd li und re M
Streifenmuster: Laut Strickschrift 1 arb. Die 1.-9. Rd 1 x arb, dann die 2.-9. Rd stets wdh. Die Buchstaben geben die zu strickende Fb an.
Hebemaschenmuster: Laut Strickschrift 2 arb. Die 1.-8. Rd stets wdh. Die Buchstaben geben die zu strickende Fb an.
Maschenprobe, glatt re: 28 M und 40 R = 10 x 10 cm

So wird es gemacht:
Anschlag je 64 M in Camel (= 16 M pro Nadel) und für den Umschlag wie folgt stricken: 6 Rd kraus re in Camel, 17 Rd Streifenmuster und 6 Rd kraus re in Camel. Nun die Arbeit wenden und in Camel 4 cm Rippenmuster stricken, dann im Hebemaschenmuster weiterarb. Nach 15 cm ab Rippenmuster mit der Ferse in Camel beginnen und die Socken laut Lehrgang und Größentabelle auf den Seiten 56-58 weiterarb, dabei die äußeren je 3 M der Fersenwand kraus re stricken. Nach der Ferse die 1. M der 4. Nadel auf die 3. Nadel nehmen und im Streifenmuster ab der 2. Rd weiterarb, jedoch die M der 1. und 4. Nadel glatt re stricken. Nach 21,5 cm Fußlänge die letzte M der 3. Nadel wieder auf die 4. Nadel legen und mit der Bandspitze in Camel beginnen. Dabei für die Abnahmen jeweils die dritt- und zweitletzte M der 1. und 3. Nadel re verschränkt zusammenstricken sowie die 2. und 3. M der 2. und 4. Nadel re zusammenstricken. Den Umschlag nach außen schlagen.

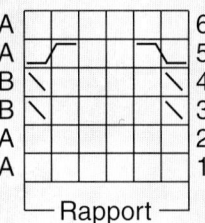

Socken in Beige-Braun Strickschrift

Socken in Camel Strickschrift 1

Strickschrift 2

Zeichenerklärung:

A = Braun
B = Beige
C = Camel
D = Sand

☐ = 1 M re
⊟ = 1 M li
◹ = 1 M li abheben, Faden liegt hinter der M
= 1 M auf 1 Hilfs-Nadel hinter die Arbeit legen, 1 M re, dann die M der Hilfs-Nadel re stricken
= 1 M auf 1 Hilfs-Nadel vor die Arbeit legen, 1 M re, dann die M der Hilfs-Nadel re stricken

Schön gemütlich: Hüttenschuhe

Damen-Hüttenschuhe

Schwierigkeit: ✱✱✱
Größe: 38/39

Materialbedarf:
„Meilenweit Tweed" von Lana Grossa
(80 % Schurwolle, 20 % Polyamid,
LL = 210 m/50 g): 100 g Natur 106
„Amica" von Lana Grossa
(45 % Schurwolle, 45 % Polyacryl,
10 % Polyamid, LL = 80 m/50 g):
50 g Natur 7
Nadel-Spiel Nr. 3 und 4
1 Paar Sohlen für Hüttenschuhe in
Größe 38/39 (im Fachhandel erhältlich)

**Rippenmuster mit „Amica" und Nadel
Nr. 4:** 1 M re, 1 M li im Wechsel
**Die folgenden Muster mit „Meilenweit"
und Nadel Nr. 3 stricken!**
Glatt re: Hin-R re M, Rück-R li M; in Rd nur re M
Kraus re: Hin- und Rück-R re M
Zopfmuster: Laut Strickschrift arb. In den geraden Rd alle M re stricken. Die 1.- 20. Rd stets wdh.
Maschenprobe, glatt re: 28 M und 40 R = 10 x 10 cm

So wird es gemacht:
Anschlag je 40 M (= 10 M pro Nadel) und 11 cm Rippenmuster stricken. Anschließend im Zopfmuster weiterarb, dabei in der 1. Rd verteilt 24 M zunehmen = 64 M (= 16 M pro Nadel). Nach 42 Rd ab Bund mit der Ferse beginnen. Die Socken laut Lehrgang und Größentabelle auf den Seiten 56-58 weiterarb, dabei die äußeren je 2 M der Fersenwand kraus re stricken. Nach der Ferse im Zopfmuster weiterstricken und nach 20,5 cm Fußlänge verteilt 4 M abnehmen = 60 M und mit der Bandspitze beginnen.
Die Sohlen mit doppeltem Faden an die Socken nähen. Den Bund nach außen schlagen.

Kinder-Hüttenschuhe

Schwierigkeit: ✱
Größe: 28/29

Materialbedarf:
„Meilenweit Fun & Stripes" von Lana Grossa (80 % Schurwolle, 20 % Polyamid, LL = 210 m/50 g): 50 g Bunt 616
„Amica" von Lana Grossa
(45 % Schurwolle, 45 % Polyacryl, 10 % Polyamid, LL = 80 m/50 g): 50 g Pink 34
Nadel-Spiel Nr. 3
1 Paar Sohlen für Hüttenschuhe in Größe 28/29 (im Fachhandel erhältlich)

Glatt re: Hin-R re M, Rück-R li M; in Rd nur re M
Kraus re: Hin- und Rück-R re M
Patentmuster:
1. Rd: *1 M li, 1 M re, ab * wdh
2. Rd: *1 M li, 1 M mit 1 Umschlag li abheben, ab * wdh
3. Rd: *1 M li, die M mit dem Umschlag re zusammenstricken, ab * wdh
Die 2. und 3. Rd stets wdh.
Streifenfolge: *7 Rd mit „Meilenweit", 1 Rd mit „Amica", ab * wdh
Maschenprobe, glatt re mit „Meilenweit": 28 M und 40 R = 10 x 10 cm

So wird es gemacht:
Anschlag je 46 M mit „Meilenweit" (= 1.+3. Nadel je 11 M, 2.+4. Nadel je 12 M) und im Patentmuster gemäß Streifenfolge stricken. Nach 4 cm ab Anschlag die Arbeit für den Umschlag wenden und wie zuvor weiterarb.
Nach 14 cm ab Anschlag mit der Ferse beginnen und die Socken laut Lehrgang und Größentabelle auf den Seiten 56-58 weiterarb. Dabei die Ferse mit „Meilenweit" arb und die äußeren je 2 M der Fersenwand kraus re stricken. Nach der Ferse im Patentmuster gemäß Streifenfolge weiterstricken und nach 15 cm Fußlänge die Bandspitze mit „Meilenweit" beginnen.
Die Sohlen mit doppeltem Faden an die Socken nähen. Den Umschlag nach außen schlagen.

TIPP: So wird die Sohle angenäht
Mit Ledersohlen lassen sich aus jedem Paar dickerer Wollstrümpfe ganz leicht Hüttenschuhe machen. Die Sohlen sollten etwa eine Nummer größer sein als Ihr Strumpf, da das Gestrickte in der Sohle Platz wegnimmt.
Sohlen mit hochgebogenem Rand sind besonders praktisch, da sie die Wolle besser vor Schmutz und Nässe schützen. Vorgestanzte Löcher machen das Annähen einfacher.
Mit doppeltem Faden im Stepp-, Kreuz- oder Hexenstich ausgeführt, ist die Naht nicht nur besonders haltbar, sondern sieht auch dekorativ aus.

Damen-Hüttenschuhe
Strickschrift

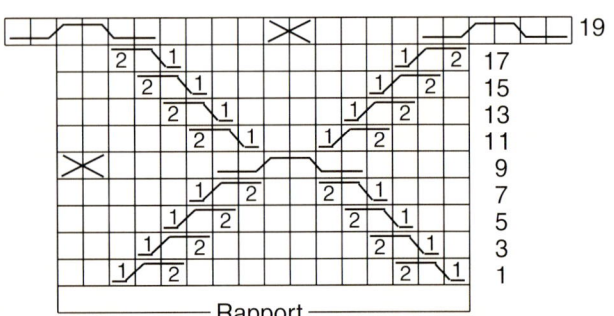

Zeichenerklärung:

☐ = 1 M re

⨉ = 2 M auf eine Hilfs-Nadel legen, den Faden 2 x um diese M wickeln, dann die M re abstricken

2̸1 = 2 M auf 1 Hilfs-Nadel vor die Arbeit legen, 1 M re, dann die M der Hilfs-Nadel re stricken

1̸2 = 1 M auf 1 Hilfs-Nadel hinter die Arbeit legen, 2 M re, dann die M der Hilfs-Nadel re stricken

⟍⟋ = 2 M auf 1. Hilfs-Nadel hinter und 2 M auf 2. Hilfs-Nadel vor die Arbeit legen, 2 M re, nun die M der 2. Hilfs-Nadel, dann die M der 1. Hilfs-Nadel re stricken

Große Schal-Parade

Schal im Netzpatent

Schwierigkeit: ✱✱
Größe: 30 x 150 cm

Materialbedarf:
„Splendido" von Lana Grossa
(70 % Schurwolle, 18 % Viskose,
12 % Polyester, LL = 90 m/50 g):
350 g Lila 15
Schnellstrick-Nadel Nr. 8

Netzpatent:
1. R (= Rück-R): Rand-M, *1 Umschlag, 1 M li abheben, 1 M re, ab * wdh, Rand-M
2. R (= Hin-R): Rand-M, *1 M re, die abgehobene M re abstricken, den Umschlag li abheben, ab * wdh, Rand-M
3. R: Rand-M, *den Umschlag mit der folgenden M re zusammenstricken, 1 Umschlag, 1 M li abheben, ab * wdh, Rand-M
4. R: Rand-M, *die abgehobene M re stricken, den Umschlag li abheben, 1 M re, ab * wdh, Rand-M
5. R: Rand-M, *1 Umschlag, 1 M li abheben, den Umschlag mit der folgenden M re zusammenstricken, ab * wdh, Rand-M
Die 2.-5. R stets wdh.

Maschenprobe im Netzpatent:
12 M und 32 R = 10 x 10 cm

So wird es gemacht:
Anschlag 36 M und im Netzpatent stricken. Nach 150 cm ab Anschlag alle M abketten. Vier dicke Quasten arb, dafür 20 cm lange Fäden zur Hälfte zusammenlegen und abbinden. Je eine Quaste an die Schalecken nähen.

Fransen-Schal

Schwierigkeit: ✱
Größe: 28 x 150 cm

Materialbedarf:
„Magic" von Lana Grossa
(100 % Mikrofaser, LL = 100 m/50 g):
200 g Lila 23
Schnellstrick-Nadel Nr. 6

Grundmuster:
1. R: re M
2.+3. R: *1 tiefer gestochene M (= 1 M re, jedoch 1 R tiefer einstechen), 1 M re, ab * wdh. Die 2. und 3. R stets wdh.

Maschenprobe im Grundmuster:
12 M und 28 R = 10 x 10 cm

So wird es gemacht:
Anschlag 34 M und zwischen den Rand-M im Grundmuster stricken. Nach 150 cm ab Anschlag alle M abketten.
In die Schalenden Fransen aus je vier 20 cm langen Fäden einknüpfen.

Schal im Ajourmuster

Schwierigkeit: ✱✱
Größe: 26 x 170 cm

Materialbedarf:
„New Kid" von Lana Grossa
(50 % Mohair Superkid, 50 % Mikrofaser, LL = 90 m/25 g): 125 g Pink 30
Schnellstrick-Nadel Nr. 4,5

Wellenmuster: Laut Strickschrift 1 arb. In der Breite mit 1 Rand-M beginnen, den Rapport 5 x arb, mit der M nach dem Rapport und 1 Rand-M enden. Die 1.- 8. R stets wdh.

Ajourmuster: Laut Strickschrift 2 arb. In der Breite mit 1 Rand-M beginnen, den Rapport 4 x arb, mit den 2 M nach dem Rapport und 1 Rand-M enden. Die 1.-12. R stets wdh.

Maschenprobe im Ajourmuster:
21 M und 23 R = 10 x 10 cm

So wird es gemacht:
Anschlag 53 M und wie folgt stricken: 34 R Wellenmuster, dabei in der letzten R verteilt 3 M zunehmen = 56 M, 330 R Ajourmuster, dabei in der letzten R verteilt 3 M abnehmen = 53 M, je 1 Hin- und Rück-R re M, 32 R Wellenmuster. Dann die M abketten.

Patentmuster-Schal in Pink

Schwierigkeit: ✱
Größe: ca. 30 x 150 cm

Materialbedarf:
„Pep" von Lana Grossa (80 % Mikrofaser, 20 % Polyamid, LL = 110 m/50 g):
200 g Pink 21
Schnellstrick-Nadel Nr. 7

Patentmuster:
1. R: Rand-M, *1 M mit 1 Umschlag li abheben, 1 M re, ab * wdh, Rand-M
2. R: Rand-M, *1 M mit 1 Umschlag li abheben, die M mit dem Umschlag re zusammenstricken, ab * wdh, Rand-M
Die 2. R stets wdh.

Maschenprobe im Patentmuster:
13 M und 28 R = 10 x 10 cm

So wird es gemacht:
38 M anschlagen und nach 150 cm Patentmuster die M abketten.

Zeichenerklärung:
☐ = 1 M re
◁ = 1 M re verschränkt
─ = 1 M li
▷ = 1 M li verschränkt
U = 1 Umschlag
⼂ = 2 M re zusammenstricken
▽ = 2 M li zusammenstricken
N = 1 einfacher Überzug: 1 M abheben, 1 M re stricken, dann die abgehobene M überziehen
⼃ = 2 M li verschränkt zusammenstricken
↑ = 2 M zusammen re abheben, 1 M re stricken, dann die abgehobenen M überziehen

Strickschrift 1

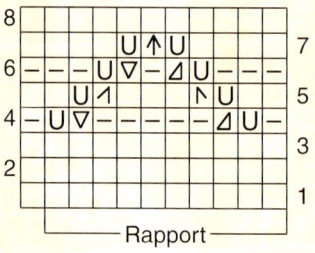

Rapport

Strickschrift 2

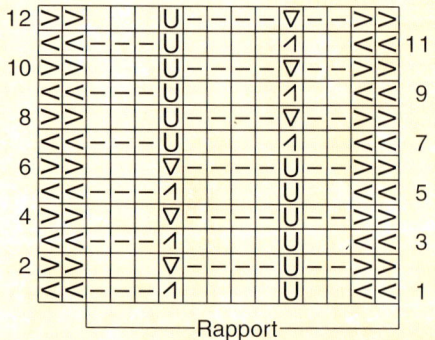

Rapport

Niedliches Mi-Ma-Mause-Kinder-Set

Mäuse-Set

Schwierigkeit: ✱✱
Größen: Hut 50-54 cm Kopfumfang, Schal 13 x 50 cm

Materialbedarf:
„Cin-Cin" von Lana Grossa
(45 % Schurwolle, 45 % Acryl, 10 % Polyamid, LL = 65 m/50 g): 150 g Blau 2
„Numero Uno" von Lana Grossa
(100 % Schurwolle, LL = 125 m/50 g):
100 g Pink 94, je 50 g Rosa 98 und Dunkelgrau 28
„Cool Wool" von Lana Grossa
(100 % Merino, LL = 160 m/50 g):
je 50 g Hellgrau 443 und Dunkelgrau 444
Schnellstrick-Nadel Nr. 4,
Nadel-Spiel Nr. 3,5 und Nr. 4,5 sowie
Häkel-Nadel Nr. 6
etwas Füllwatte, für den Hut 60 cm Ripsband, für das Täschchen ein Stück Klettband

Grundmuster mit „Cin-Cin": In Spiral-Rd halbe Stäbchen häkeln ohne Rd-Anfang und -Ende. Zur besseren Übersicht den Rd-Übergang markieren. Für jede Zunahme 2 halbe Stäbchen in eine M arb und die Zunahmen gleichmäßig verteilen.
Glatt re: Hin-R re M, Rück-R li M; in Rd nur re M
Rippenmuster mit Nadel Nr. 4: 2 M re, 2 M li im Wechsel
Mäuse: In Rd gemäß den Zählmustern stricken (1.+2. Nadel ist die Vorderseite, 3.+4. Nadel ist die Rückseite), dabei wie eingezeichnet zu- und abnehmen.
Das Gesicht jeweils auf die Vorderseite sticken (siehe Stickschule auf Seite 60/61): Ohren und Augen im Maschenstich, Augenbrauen im Stielstich, eventuell mit geteiltem Faden. Für die Barthaare dunkelgraue Fäden einziehen, gut verknoten und auf 3 cm kürzen.
Maschenproben: Grundmuster mit „Cin-Cin": 11,5 M und 8 R = 10 x 10 cm; glatt re mit „Numero Uno": 22 M und 28 R = 10 x 10 cm

So wird es gemacht:

Hut
4 Lftm mit „Cin-Cin" anschlagen und mit 1 Kett-M zur Rd schließen, dann im Grundmuster häkeln. 1. Rd: 8 halbe Stäbchen in den Ring; 2. Rd: jede M verdoppeln = 16 M; 3. Rd: 24 M; 4. Rd: 36 M; 5. Rd: 48 M; 6.+7. Rd: 60 M; 8. Rd: für die Hutkante Relief-Stäbchen arb (= jedes halbe Stäbchen von hinten um das halbe Stäbchen der Vor-Rd); 9.-14. Rd: 60 M; 15. Rd: für die Hutkrempe Relief-Stäbchen arb (= jedes halbe Stäbchen von vorne um das halbe Stäbchen der Vor-Rd); 16. Rd: 75 M; 17. Rd: 90 M; 18.+19. Rd: 100 M; 20. Rd: den Hut wenden und 1 Rück-Rd Kett-M häkeln.
Für die Maus aus „Cool Wool" 32 M in Hellgrau mit Nadeln Nr. 3,5 anschlagen (= 8 M pro Nadel) und laut Zählmuster 2 stricken, dabei die letzten 2 Rd in Dunkelgrau arb und die letzten 4 M zusammenziehen. Die Ohren in Pink, Augen und Augenbrauen in Dunkelgrau aufsticken. Maus mit Füllwatte ausstopfen, Anschlagrand schließen und Ohren etwas abnähen. Den Hut anfeuchten, über einem Topf in Form ziehen und trocknen lassen. Das Ripsband auf Kopfumfang + 2 cm Nahtzugabe zuschneiden und innen an den Hut nähen. Die Hutkrempe seitlich nach außen schlagen und die Maus annähen.

Schal
Für die beiden Mäuse aus „Cool Wool" je 8 M in Dunkelgrau mit Nadeln Nr. 3,5 anschlagen (= 2 M pro Nadel) und laut Zählmuster 1 stricken, dabei ab der 3. Rd in Hellgrau arb. Nach 30 Rd ab Anschlag die mittleren je 12 M der Vorder- und Rückseite stilllegen und die Ohren über die restlichen M in R beenden. Die Ohren in Pink, Augen und Augenbrauen in Dunkelgrau aufsticken. Maus mit Füllwatte ausstopfen, die obere Kante und Ohren im Maschenstich schließen. Die Ohren abnähen.
Für den Schal aus „Numero Uno" 44 M in Pink anschlagen und im Rippenmuster stricken. Nach 10 cm ab Anschlag die Arbeit in der Mitte teilen und über je 22 M ca. 6 cm (die Maus muss durch diese Öffnung passen) getrennt stricken. Nun wieder über alle M weiterarb und nach 50 cm ab Anschlag alle M abketten. Die Schalenden auf ca. 7 cm einhalten und die Mäuse annähen.

Täschchen
Eine Maus aus „Numero Uno" mit Nadeln Nr. 4,5 wie beim „Schal" arb, jedoch ab der 3. Rd in Pink stricken. Nach 30 Rd ab Anschlag die mittleren je 12 M der Vorder- und Rückseite abketten und die Ohren über die restlichen M in R beenden. Die restlichen je 8 M im Maschenstich verbinden. Die Ohren in Rosa, Augen und Augenbrauen in Dunkelgrau aufsticken. Ohren mit Füllwatte ausstopfen und abnähen. Barthaare auf 4 cm kürzen. Klettband in die Öffnung nähen.

Zählmuster 1

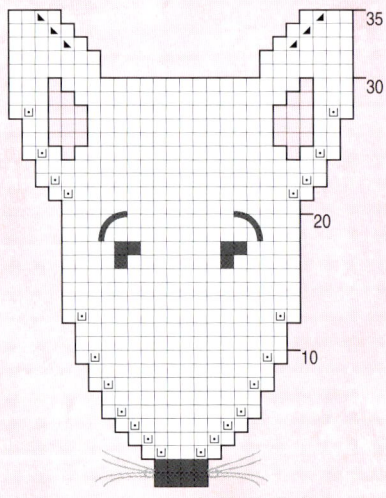

Zählmuster 2

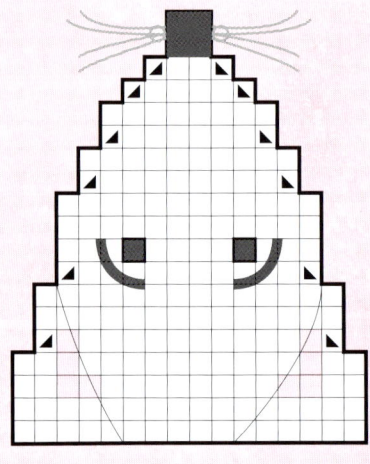

Zeichenerklärung:
1 Kästchen = 1 M und 1 Rd

■ = 1 M re oder Maschenstich in Dunkelgrau
□ = 1 M glatt re
▪ = 1 Maschenstich
= aus dem Querfaden 1 M re verschränkt herausstricken
◣ = 2 M re zusammenstricken
◣ = 1 einfacher Überzug: 1 M re abheben, 1 M re stricken, dann die abgehobene M überziehen

Für die allerkleinsten Füßchen

Söckchen mit Mäusezähnchen in Rosa- oder Blautönen

Schwierigkeit: *
Größe: 24/25

Materialbedarf:
„Adesso" von Lana Grossa
(54 % Merino, 23 % Baumwolle,
23 % Mikrofaser, LL = 130 m/50 g):
je 50 g Weiß 11, Lachs 46, Gelb 21,
Pink 33 und Rosa 45
oder je 50 g Weiß 11, Türkis 35,
Blau 41, Hellblau 19 und Mint 48
Nadel-Spiel Nr. 4

Glatt re: Hin-R re M, Rück-R li M; in Rd nur re M
Kraus re: Hin- und Rück-R re M
Mäusezähnchen: 2 M re zusammenstricken und 1 Umschlag im Wechsel
Maschenprobe, glatt re: 22 M und 30 R = 10 x 10 cm
Die Angaben für die Söckchen in Blautönen stehen in Klammern.

So wird es gemacht:
Anschlag je 36 M in Weiß (= 8 M pro Nadel) und für den Bund 6 Rd glatt re, 1 Rd Mäusezähnchen und 6 Rd glatt re stricken. Dann glatt re in Lachs (Türkis) weiterarbeiten.
Nach 9 cm ab Bund mit der Ferse in Pink (Hellblau) beginnen und die Söckchen laut Lehrgang und Größentabelle auf den Seiten 56-58 weiterarb. Dabei die äußeren je 3 M der Fersenwand kraus re stricken. Nach der Ferse in Gelb (Blau) weiterarb und nach 12,5 cm Fußlänge mit der Bandspitze in Rosa (Mint) beginnen.
Den Bund zur Hälfte nach innen säumen.

Babysöckchen im Halbpatent in 2 Farben

Schwierigkeit: *
Größe: 22/23

Materialbedarf:
„Adesso" von Lana Grossa
(54 % Merino, 23 % Baumwolle,
23 % Mikrofaser, LL = 130 m/50 g):
je 50 g Weiß 11, Lachs 46, Gelb 21,
Pink 33 und Rosa 45
oder je 50 g Weiß 11, Türkis 35,
Blau 41, Hellblau 19 und Mint 48
Nadel-Spiel Nr. 4

Glatt re: Hin-R re M, Rück-R li M; in Rd nur re M
Kraus re: Hin- und Rück-R re M
Halbpatent:
1. Rd: *1 M li, 1 M mit 1 Umschlag li abheben, ab * wdh
2. Rd: *1 M li, die M mit dem Umschlag re zusammenstricken, ab * wdh
Die 1. und 2. Rd stets wdh.
Farbfolge 1: *je 2 Rd Pink, Rosa, Weiß, Gelb und Lachs, ab * wdh
Farbfolge 2: *je 2 Rd Blau, Mint, Weiß, Hellblau und Türkis, ab * wdh
Maschenprobe, Halbpatent: 20 M und 48 R = 10 x 10 cm
Die Angaben für die Söckchen in Blautönen stehen in Klammern.

So wird es gemacht:
Anschlag je 32 M in Pink (Blau) (= 8 M pro Nadel) und im Halbpatent laut Farbfolge 1 (2) stricken. Nach 10 cm ab Anschlag mit der Ferse beginnen und die Söckchen laut Lehrgang und Größentabelle auf den Seiten 56-58 weiterstricken. Dabei die Ferse glatt re laut Farbfolge 1 (2) arb und die äußeren je 3 M der Fersenwand kraus re stricken. Nach der Ferse im Halbpatent laut Farbfolge 1 (2) weiterarb und nach 11 cm Fußlänge mit der Bandspitze glatt re laut Farbfolge 1 (2) beginnen.

Babyschühchen in Rosa oder Blau

Schwierigkeit: **
Größe: 20/21

Materialbedarf:
„Adesso" von Lana Grossa
(54 % Merino, 23 % Baumwolle,
23 % Mikrofaser, LL = 130 m/50 g):
je 50 g Weiß 11, Lachs 46, Gelb 21,
Pink 33 und Rosa 45
oder je 50 g Weiß 11, Türkis 35,
lau 41, Hellblau 19 und Mint 48
Nadel-Spiel Nr. 4

Glatt re: Hin-R re M, Rück-R li M; in Rd nur re M
Kraus re: Hin- und Rück-R re M
Rippenmuster:
1. Rd: *2 M re, 2 M li, ab * wdh
2.+3. Rd: *2 M li abheben, Faden liegt dabei hinter der Arbeit, 2 M li, ab * wdh
Die 1.- 3. Rd stets wdh.
Farbfolge 1: *je 3 Rd Lachs, Weiß, Rosa, Gelb und Pink, ab * wdh
Farbfolge 2: *je 3 Rd Mint, Weiß, Hellblau, Türkis und Blau, ab * wdh
Loch-Rd: *2 M re zusammenstricken, 1 Umschlag, ab * wdh
Maschenprobe, glatt re: 22 M und 30 R = 10 x 10 cm
Die Angaben für die Söckchen in Blautönen stehen in Klammern.

So wird es gemacht:
Anschlag je 32 M in Lachs (Mint) (= 8 M pro Nadel) und im Rippenmuster laut Farbfolge 1 (2) stricken. Nach 12 cm ab Anschlag die Arbeit wenden und in Rosa (Hellblau) 1 Rd re M, 1 Loch-Rd und 1 Rd re M arb, dann mit der Ferse in Gelb (Blau) beginnen. Die Schühchen laut Lehrgang und Größentabelle auf den Seiten 56-58 weiterarb, dabei die äußeren je 3 M der Fersenwand kraus re stricken. Nach der Ferse glatt re in Rosa (Hellblau) weiterarb und nach 9,5 cm Fußlänge mit der Bandspitze in Pink (Türkis) beginnen. Den Schaft zur Hälfte nach außen umschlagen. Je eine 50 cm lange Kordel in Rosa (Hellblau) aus 6 Fäden drehen, durch die Loch-Rd ziehen und vorne zur Schleife binden.

Ein cooles Team: Ajour und Baumwolle

Ajourrautensocken in Weiß oder Pink

Schwierigkeit: ✱✱
Größe: 36/37

Materialbedarf:
"Meilenweit Cotton" von Lana Grossa (45 % Baumwolle, 42 % Schurwolle, 13 % Polyamid, LL = 190 m/50 g): 100 g Weiß 1 oder Pink 28
Nadel-Spiel Nr. 2,5 und
Häkel-Nadel Nr. 2,5

Glatt re: Hin-R re M, Rück-R li M; in Rd nur re M
Kraus re: Hin- und Rück-R re M
Ajourrautenmuster: Laut Strickschrift arb. In den geraden Rd alle M und Umschläge re stricken. Die 1.-12. Rd stets wdh.
Mäusezähnchen: 2 M re zusammenstricken und 1 Umschlag im Wechsel
Häkelborte: 68 Lftm anschlagen und mit 1 Kett-M zur Rd schließen. Jede Rd mit 1 Kett-M schließen.
1. Rd: 3 Lftm (= 1. Stäbchen), *1 Lftm, 1 M übergehen, 1 Stäbchen, ab * wdh, 1 Lftm
2. Rd: 1 Lftm (= 1. feste M), *5 Lftm, 3 M übergehen, 1 feste M, ab * wdh, 5 Lftm
3. Rd: mit 3 Kett-M zur Mitte des folgenden Lftm-Bogens vorgehen, *5 Lftm, 1 feste M in den folgenden Lftm-Bogen, ab * wdh, 5 Lftm
4. Rd: auf jeden Lftm-Bogen 2 feste M, 1 Picot (= 3 Lftm, 1 feste M in die 1. Lftm) und 2 feste M
Maschenprobe, glatt re: 28 M und 40 R = 10 x 10 cm

So wird es gemacht:

Socken in Weiß

Anschlag je 60 M (= 15 M pro Nadel) und für den Saum 6 Rd glatt re, 1 Rd Mäusezähnchen und 6 Rd glatt re stricken. Dann im Ajourrautenmuster weiterarb. Nach 14 cm ab Saum mit der Ferse beginnen und die Socken laut Lehrgang und Größentabelle auf den Seiten 56-58 weiterarb. Dabei die äußeren je 2 M der Fersenwand kraus re stricken. Nach der Ferse die M der 1. und 4. Nadel glatt re, die M der 2. und 3. Nadel im Ajourrautenmuster weiterarb, dabei in der 11. Rd des Musters am Anfang statt des Umschlags 1 re M und am Ende anstelle des doppelten Überzugs 1 einfachen Überzug arb. Nach 19,5 cm Fußlänge mit der Bandspitze beginnen.
Den Saum zur Hälfte nach innen säumen. Die Häkelborte häkeln und unter den Saum nähen.

Socken in Pink
Wie die weißen Socken arb, jedoch ohne die Häkelborte.

Ajoursocken mit Rollrand in Weiß oder Orange

Schwierigkeit: ✱✱
Größe: 38/39

Materialbedarf:
"Meilenweit Cotton" von Lana Grossa (45 % Baumwolle, 42 % Schurwolle, 13 % Polyamid, LL = 190 m/50 g): 100 g Weiß 1 oder Orange 32
Zwei Nadel-Spiele Nr. 2,5

Rippenmuster: 1 M re, 1 M li im Wechsel
Glatt re: Hin-R re M, Rück-R li M; in Rd nur re M
Kraus re: Hin- und Rück-R re M
Ajourmuster: Laut Strickschrift arb. In den geraden Rd alle M und Umschläge re stricken. Die 1.-14. Rd stets wdh.
Maschenprobe, glatt re: 28 M und 40 R = 10 x 10 cm

So wird es gemacht:

Socken in Weiß

Für den 1. Rollrand 60 M anschlagen (= 15 M pro Nadel) und 24 Rd glatt re stricken, dann die M stilllegen. Den 2. Rollrand ebenso arb, jedoch bereits nach 22 Rd die M über den 1. Rollrand schieben und je 1 M beider Nadel-Spiele re zusammenstricken. Nun 5 Rd Rippenmuster stricken, dann im Ajourmuster weiterarb. Nach 56 Rd ab Rippenmuster mit der Ferse beginnen und die Socken laut Lehrgang und Größentabelle auf den Seiten 56-58 weiterarb. Dabei die äußeren je 2 M der Fersenwand kraus re stricken. Nach der Ferse die M der 1. und 4. Nadel glatt re, die M der 2. und 3. Nadel im Ajourmuster weiterarb, dabei auf der 2. Nadel 1 M zunehmen = 61 M. Nach 20,5 cm Fußlänge auf der 2. Nadel 1 M abnehmen und mit der Bandspitze beginnen.
Beide Socken gleich arb.

Socken in Orange
Wie die weißen Socken arb, jedoch mit einfachem Rollrand. D. h., je 60 M anschlagen, 24 Rd glatt re und 5 Rd Rippenmuster stricken, dann im Ajourmuster weiterarb.

Zeichenerklärung:

☐ = 1 M re
U = 1 Umschlag
⁄ = 2 M re zusammenstricken
N = 1 einfacher Überzug: 1 M re abheben, 1 M re stricken, dann die abgehobene M überziehen
↑ = 1 doppelter Überzug: 1 M re abheben, 2 M re zusammenstricken, dann die abgehobene M überziehen

Ajourrautensocken in Weiß oder Pink
Strickschrift

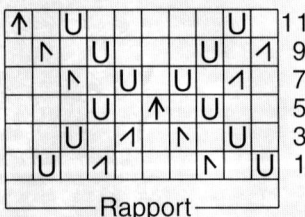

Rapport

Ajoursocken mit Rollrand in Weiß oder Orange
Strickschrift

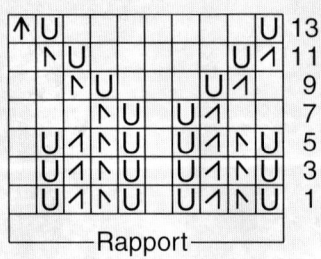

Rapport

Gut kombiniert: Mustermix in Natur

Socken mit Wabenzöpfen in zwei Farbvarianten

Schwierigkeit: ∗∗
Größe: 44/45

Materialbedarf:
„Meilenweit Cotton" von Lana Grossa (45 % Baumwolle, 42 % Schurwolle, 13 % Polyamid, LL = 190 m/50 g): 150 g Natur 24
oder „Meilenweit Cotton Fun" von Lana Grossa (45 % Baumwolle, 42 % Schurwolle, 13 % Polyamid, LL = 190 m/50 g): 150 g Sand verlaufend 310
Nadel-Spiel Nr. 2,5 und 3

Rippenmuster mit Nadel Nr. 2,5: 2 M re, 2 M li im Wechsel
Die folgenden Muster mit Nadel Nr. 3 stricken!
Glatt re: Hin-R re M, Rück-R li M; in Rd nur re M
Kraus re: Hin- und Rück-R re M
Zopfmuster: Laut Strickschrift arb. In den geraden Rd die M stricken, wie sie erscheinen. Die 1.-8. Rd stets wdh.
Maschenprobe, glatt re: 28 M und 40 R = 10 x 10 cm

So wird es gemacht:
Anschlag je 64 M (= 16 M pro Nadel) und 5 cm Rippenmuster stricken, dabei in der letzten Rd verteilt 12 M zunehmen = 76 M (= 19 M pro Nadel). Dann im Zopfmuster weiterarb. Nach 18 cm ab Bund auf der 1. und 4. Nadel verteilt 4 M abnehmen und über 34 M mit der Ferse beginnen. Die Socken laut Lehrgang und Größentabelle auf den Seiten 56-58 weiterstricken, dabei die äußeren je 3 M der Fersenwand kraus re stricken. Nach der Ferse über den äußeren Zöpfen der 2. und 3. Nadel je 2 M abnehmen, dann die letzten 10 M der 2. Nadel sowie die ersten 10 M der 3. Nadel im Zopfmuster fortsetzen und restliche M glatt re stricken. Die Zwickelabnahmen so oft wdh, bis insgesamt 68 M vorhanden sind. Nach 23 cm Fußlänge mit der Bandspitze beginnen.

Zopfmustersocken in Beige

Schwierigkeit: ∗∗
Größe: 40/41

Materialbedarf:
„Meilenweit Cotton" von Lana Grossa (45 % Baumwolle, 42 % Schurwolle, 13 % Polyamid, LL = 190 m/50 g): 150 g Beige 18
Nadel-Spiel Nr. 2 und 2,5

Perlmuster: 1 M re, 1 M li im Wechsel, in jeder Rd versetzen
Glatt re: Hin-R re M, Rück-R li M; in Rd nur re M
Kraus re: Hin- und Rück-R re M
Zopfmuster: Laut Strickschrift arb. Die 1.-6. Rd stets wdh.
Maschenprobe, glatt re: 28 M und 40 R = 10 x 10 cm

So wird es gemacht:
Anschlag je 64 M (= 16 M pro Nadel) und für den Bund 4 cm Perlmuster stricken, dabei in der letzten Rd verteilt 12 M zunehmen = 76 M (= 19 M pro Nadel). Dann im Zopfmuster weiterarb. Nach 17 cm ab Bund verteilt 12 M abnehmen = 64 M und mit der Ferse beginnen. Die Socken laut Lehrgang und Größentabelle auf den Seiten 56-58 weiterstricken, dabei die äußeren je 3 M der Fersenwand kraus re arb. Nach der Ferse die M der 2. und 3. Nadel im Perlmuster, die M der 1. und 4. Nadel glatt re stricken. Nach 21,5 cm Fußlänge mit der Bandspitze beginnen, dabei für die Abnahmen jeweils die dritt- und zweitletzte M der 1. und 3. Nadel re verschränkt zusammenstricken sowie die 2. und 3. M der 2. und 4. Nadel re zusammenstricken.

Socken mit Wabenzöpfen Strickschrift

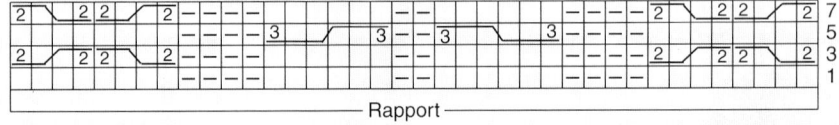

Zopfmustersocken in Beige Strickschrift

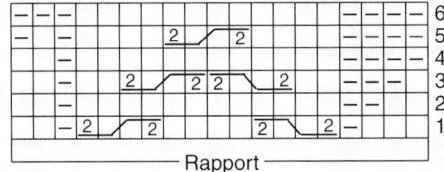

Zeichenerklärung:

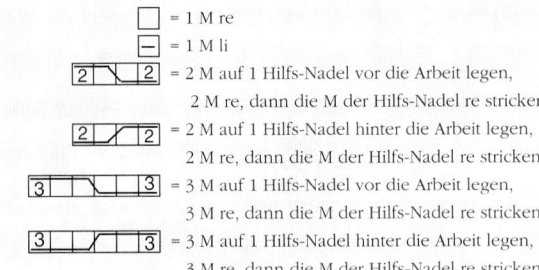

Grundkurs Sockenstricken

Das Socken-Prinzip

Alle Socken in diesem Buch werden nach einem Prinzip gestrickt, das wir Ihnen hier Schritt für Schritt vorstellen.

Kleine Socken-Terminologie

1 = Bund oder Bündchen
2 = Schaft
3 = Fersenwand, umschließt die Ferse hinten
4 = Käppchen, sitzt am Fuß unter der Ferse
5 = Zwickel, das ist der Übergang zwischen Ferse und Fuß
6 = Fuß, wird wieder über alle 4 Nadeln gestrickt
7 = Bandspitze – das gute Ende

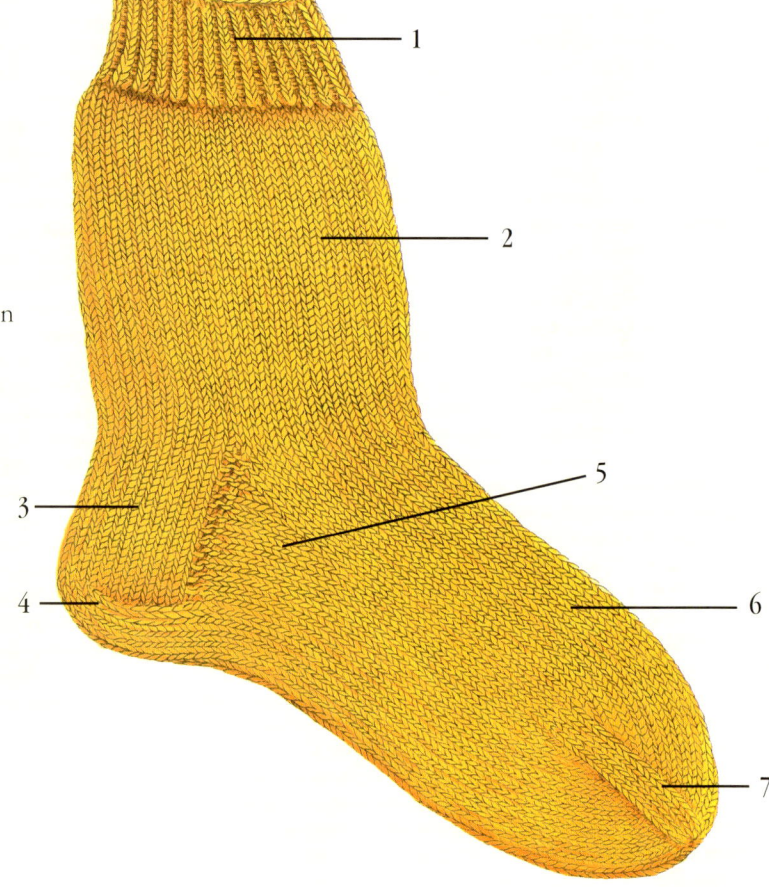

1. Maschen anschlagen und gleichmäßig auf die 4 Nadeln des Nadelspiels verteilen. Der Anfangsfaden markiert den Rundenübergang, der immer in der rückwärtigen Mitte zwischen der 4. und 1. Nadel liegt. Wie Bund und Schaft gestrickt werden, steht in der jeweiligen Anleitung.

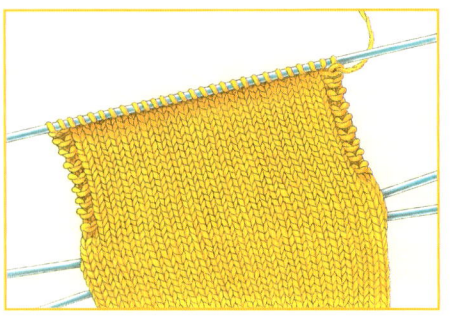

2. Fersenwand: Die Maschen der 1. und 4. Nadel zusammen auf eine Nadel nehmen und in Reihen glatt rechts stricken. Die Maschen der 2. und 3. Nadel sind stillgelegt. In der Größentabelle auf Seite 58 ist angegeben, wie viele Reihen je Größe für die Fersenwand gestrickt werden.

Tipp:
Stricken Sie die beiden äußeren Maschen der Fersenwand kraus rechts, das erleichtert das Zählen der Reihen.

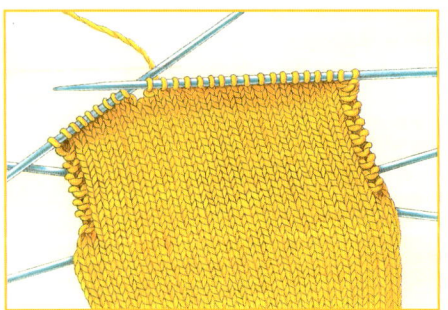

3. Fersenkäppchen: Die Maschen der Fersenwand durch 3 teilen. Über das mittlere Drittel glatt rechts stricken und dabei nach und nach die äußeren Maschen wie folgt mitstricken:
In den Hin-Reihen immer die letzte Masche mit der folgenden Masche des äußeren linken Drittels rechts verschränkt zusammenstricken, wenden und die 1. Masche links abheben.

Schritt für Schritt erklärt

4. In den Rück-Reihen immer die letzte Masche mit der folgenden Masche des äußeren rechten Drittels links zusammenstricken, wenden und die 1. Masche rechts abheben.

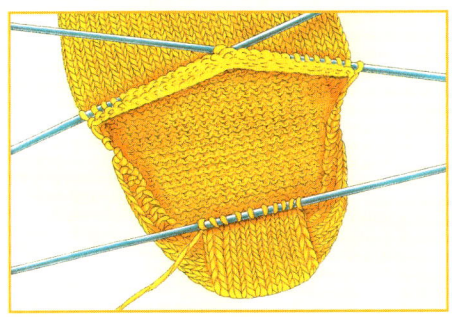

5. Durch das Zusammenstricken entstehen rechts und links vom mittleren Drittel Lücken, und man sieht deutlich, wo die Reihe beginnt und endet. Das Käppchen so weiter stricken, bis alle äußeren Maschen aufgebraucht sind und nur noch die Maschen des mittleren Drittels übrig sind.

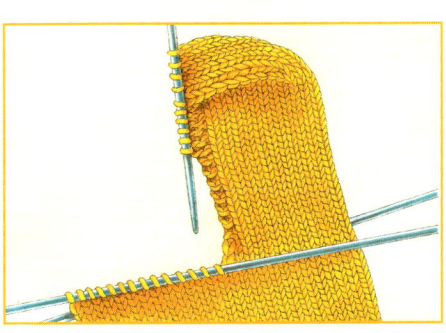

6. In Runden weiterstricken, die Maschen wie folgt auf 4 Nadeln verteilen: Die Käppchenmaschen je zur Hälfte auf die 1. und 4. Nadel nehmen. Mit der 1. Nadel aus dem linken seitlichen Rand der Fersenwand aus jeder 2. Reihe 1 Masche auffassen. Die stillgelegten Maschen der 2. und 3. Nadel wieder mitstricken. Mit der 4. Nadel aus dem rechten seitlichen Rand der Fersenwand aus jeder 2. Reihe 1 Masche auffassen.

7. Die seitlich aus der Fersenwand aufgenommenen Maschen für den Zwickel wieder abnehmen. Dazu in jeder 2. Runde auf der 1. Nadel die dritt- und zweitletzte Masche rechts zusammenstricken sowie auf der 4. Nadel die zweite Masche rechts abheben, die dritte Masche rechts stricken, dann die abgehobene Masche überziehen. Diese Abnahmen so oft wiederholen, bis auf der 1. und 4. Nadel wieder so viele Maschen sind wie bei Fersenbeginn. Den Fuß wie in der Anleitung beschrieben weiterstricken. Die Fußlänge steht in der Größentabelle auf Seite 58, sie wird jeweils vom Käppchenbeginn bis zum Spitzenbeginn gemessen.

8. Die Bandspitze glatt rechts stricken, dabei wie folgt Maschen abnehmen: Auf der 1. und 3. Nadel jeweils die dritt- und zweitletzte Masche rechts zusammenstricken sowie auf der 2. und 4. Nadel jeweils die zweite Masche rechts abheben, die dritte Masche rechts stricken, dann die abgehobene Masche überziehen. Diese Abnahmen nur in jeder 2. Runde arbeiten und so oft wiederholen, bis nur noch die Hälfte der Maschen vorhanden ist. Dann in jeder Runde auf diese Art abnehmen. Die letzten 8-12 Maschen mit doppeltem Faden fest zusammenziehen oder im Maschenstich zusammennähen.

Socken: So errechnen Sie Ihre Wunschgröße

Größentabellen für Socken

Maschenprobe: 28 Maschen und 40 Reihen/Runden = 10 x 10 cm

Größe	20/21	22/23	24/25	26/27	28/29	30/31	32/33	34/35	36/37	38/39	40/41	42/43	44/45	46/47
Gesamtfußlänge in cm	13,5	14,5	16	17,5	19	20	21,5	23	24,5	25,5	27	28	29	30,5
Maschenanschlag	40	44	48	48	52	52	56	56	60	60	64	64	68	72
Fersenwandbreite in Maschen	20	22	24	24	26	26	28	28	30	30	32	32	34	36
Fersenwandhöhe in Reihen	16	18	20	20	22	22	24	24	26	26	28	28	30	32
Maschenzahl für das Käppchen	6	8	8	8	10	10	10	10	10	10	12	12	12	12
Maschenaufnahme beidseitig	8	9	10	10	11	11	12	12	13	13	14	14	15	16
Fußlänge bis Spitzenbeginn (Gesamtfußlänge minus Spitze)	10	11	12	13,5	15	16	17	18,5	19,5	20,5	21,5	22,5	23	24

Maschenprobe: 22 Maschen und 30 Reihen/Runden = 10 x 10 cm

Größe	20/21	22/23	24/25	26/27	28/29	30/31	32/33	34/35	36/37	38/39	40/41	42/43	44/45	46/47
Gesamtfußlänge in cm	13,5	14,5	16	17,5	19	20	21,5	23	24,5	25,5	27	28	29	30,5
Maschenanschlag	32	32	36	36	40	40	44	44	48	48	52	52	56	56
Fersenwandbreite in Maschen	16	16	18	18	20	20	22	22	24	24	26	26	28	28
Fersenwandhöhe in Reihen	12	12	14	14	16	16	18	18	20	20	22	22	24	24
Maschenzahl für das Käppchen	6	6	6	6	6	6	8	8	8	8	10	10	10	10
Maschenaufnahme beidseitig	6	6	7	7	8	8	9	9	10	10	11	11	12	12
Fußlänge bis Spitzenbeginn (Gesamtfußlänge minus Spitze)	10	11	12,5	14	14,5	15,5	17	18,5	19	20	21,5	22,5	22,5	24

Tipps zum Umrechnen

Gesamtfußlänge

Die richtige Größe errechnen Sie so: Schuhgröße geteilt durch 3 mal 2 = Gesamtfußlänge in Zentimetern über den gesamten Fuß inklusive Zehen gemessen.

Ein Beispiel: 42 : 3 x 2 = 28, d.h. Schuhgröße 42 entspricht einer Gesamtfußlänge von 28 cm.

Größentabelle

In der Größentabelle finden Sie alle Angaben, die Sie benötigen, um Socken in Ihrer gewünschten Größe zu stricken.

Wie viele Maschen Sie anschlagen müssen, wie breit die Fersenwand ist und über wie viele Reihen sie gestrickt wird, die Maschenzahl für das Käppchen, die Maschenaufnahmen, wenn Sie nach der Ferse wieder in Runden stricken, und die Fußlänge vom Käppchenbeginn bis zum Beginn der Spitze.

Schaftlänge

Die Länge des Schaftes wird auf die jeweilige Größe abgestimmt. Wenn Sie also eine größere Größe stricken möchten als in der Anleitung angegeben, müssen Sie mehr Runden vor Fersenbeginn einplanen, stricken Sie eine kleinere Größe, müssen Sie entsprechend einige Runden weglassen. Als Orientierungshilfe messen Sie einfach die Schafthöhe Ihrer Lieblingssocken und stricken das neue Paar entsprechend.

Mustersocken

Wenn Sie Mustersocken stricken, muss die Zahl der Maschen durch die Maschenzahl des Musterrapportes teilbar sein. Passt dies nicht zu Ihrer Wunschgröße, können Sie sich mit folgendem Trick behelfen: Stricken Sie das Muster nur über so viele Maschen, wie durch den Rapport teilbar sind, die Restmaschen so legen, dass sie in der hinteren Mitte liegen und immer glatt rechts stricken. Das Muster wird dann an dieser unauffälligen Stelle von einem Streifen glatt rechts gestrickter Maschen unterbrochen.

Handschuh-Regeln: alles, was Sie wissen müssen

Beim Handschuh bilden die Maschen der 1. und 4. Nadel die Handfläche (Innenhand), die Maschen der 2. und 3. Nadel den Handrücken.
Daumenkeil nennt man die seitliche Erweiterung des Handschuhs, die dafür sorgt, dass der Daumen im Handschuh ausreichend Bewegungsfreiheit bekommt. Als Steg bezeichnet man jeweils das Zwischenstück zwischen zwei Fingern.

Daumenkeil
Beim rechten Handschuh für den Daumenkeil die 2. Masche der Innenhand mit einem Faden markieren, beim linken Handschuh die zweitletzte Masche der Innenhand markieren. Beidseitig der markierten Masche nun die Keil-Maschen wie folgt erweitern:
1. + 2. Runde: 1 Umschlag arbeiten und diesen in der folgenden Runde rechts verschränkt abstricken = 3 Keil-Maschen.
3. + 4. Runde: Wieder beidseitig der 3 Keil-Maschen 1 Umschlag arbeiten und rechts verschränkt abstricken = 5 Keil-Maschen.
So fortfahren, das heißt, jeweils beidseitig der Keil-Maschen 1 Umschlag arbeiten und diesen in der folgenden Runde rechts verschränkt abstricken, bis die in der Anleitung genannte Keil Maschenzahl erreicht ist.
Nun die Keil-Maschen stilllegen und dafür 5 Steg-Maschen neu anschlagen und in die Arbeit einfügen. Diese wie folgt wieder abnehmen:
1. Runde: 2 Maschen rechts verschränkt zusammenstricken, 1 Masche rechts, 2 Maschen rechts zusammenstricken
2. Runde: 3 Maschen rechts
3. Runde: 3 Maschen rechts zusammenstricken. Gerade weiterstricken.

Spitze für Fäustlinge
Bis zur Höhe des Ringfingers gerade hoch stricken, dann mit den Abnahmen beginnen. Dafür jeweils die 2. und 3. Masche der 2. und 4. Nadel überzogen zusammenstricken (= 1 Masche rechts abheben, 1 Masche rechts stricken, dann die abgehobene Masche überziehen) sowie die dritt- und zweitletzte Masche der 1. und 3. Nadel rechts zusammenstricken. Diese Abnahmen in jeder 2. Runde wiederholen und schließlich die restlichen 8 Maschen mit doppeltem Faden zusammenziehen.

Finger für Fingerhandschuhe
Bis zur Fingerwurzel des Zeigefingers hoch stricken. Die Maschen gemäß Angaben in der Anleitung aufnehmen und zwischen den Fingern für die Stege je 2 M anschlagen. Die Maschen jeweils auf 3 Nadeln verteilen und in Runden glatt rechts weiterstricken. In gewünschter Fingerhöhe jede 2. und 3. Masche rechts zusammenstricken, noch 1 Runde stricken, dann die restlichen Maschen mit dem Faden zusammenziehen.

Daumen für Fäustlinge und Fingerhandschuhe
Die stillgelegten Keil-Maschen wieder in Arbeit nehmen und aus dem Steg noch 5 Maschen neu herausstricken. Die Maschen auf 3 Nadeln verteilen und in Runden glatt rechts weiterstricken, dabei nach einer Runde die Steg-Maschen wieder abnehmen.
1. Runde: 2 Maschen rechts verschränkt zusammenstricken, 1 Masche rechts, 2 Maschen rechts zusammenstricken
2. Runde: 3 Maschen rechts
3. Runde: 3 Maschen rechts zusammenstricken.
Dann bis zur gewünschten Daumenhöhe in Runden weiterstricken, in den letzten beiden Runden jede 2. und 3. Masche rechts zusammenstricken und die restlichen Maschen mit dem Faden zusammenziehen.

Tipp: Extralanger Schaft
Wir haben bei allen unseren Handschuhen den Schaft extra lang gearbeitet. Das hält den Puls schön warm und verhindert, dass die Winterkälte zwischen Ärmel und Handschuh kriecht. Wenn Sie das nicht mögen: Einfach die Schaftlänge auf ca. 5-7 cm verkürzen.

Die Stickschule

Maschenstich

Der Maschenstich zeichnet Masche für Masche das Gestrickte nach. Er ist flächig einsetzbar und eignet sich so zum nachträglichen Aufsticken von Motiven, die dann wie eingestrickt wirken.

In der Mitte der Masche ausstechen und die Nadel von rechts nach links um die darüber liegende Masche führen.
Den Faden durchziehen und in die Ausstichstelle wieder einstechen.

Steppstich

Im Gegensatz zum Stielstich ist der Stich auf der Rückseite doppelt so lang wie der Stich auf der Vorderseite. Er eignet sich zum Ziehen von Linien oder Konturen auf Maschengrund und betont die einzelnen Maschen stärker als der Stielstich.

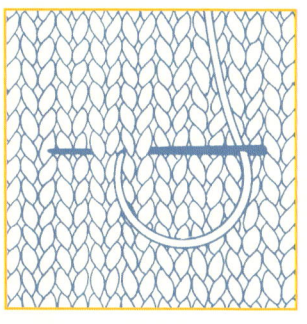

1. Der Steppstich wird von rechts nach links gearbeitet. Die einzelnen Stiche erfolgen jedoch jeweils von links nach rechts, wie in der Zeichnung dargestellt. Zurückgestochen wird immer in der doppelten Länge des Stichs auf der Rückseite.

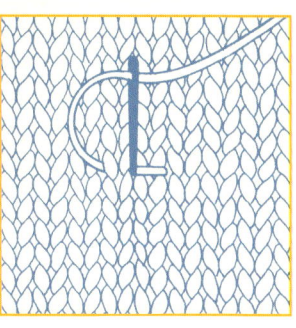

2. Nun wieder auf der Vorderseite einen Stich zur Ausstichstelle des vorhergehenden Stichs zurückarbeiten.

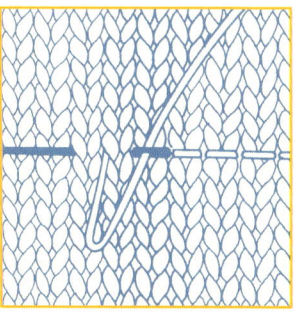

3. Dann wieder über die doppelte Länge zurückstechen. In unserem Beispiel: Vorstich immer über 1 Masche, Rückstich über 2 Maschen.

Kettenstich

Mit dem Kettenstich zeichnen Sie markante Linien auf Maschengrund. Benannt ist er nach seinem Erscheinungsbild, denn er sieht aus wie eine Gliederkette.

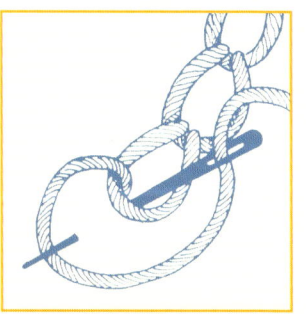

Stechen Sie an der gewünschten Stelle durch. Den Faden zu einer Schlinge legen und innerhalb dieser Schlinge einen Vorstich arbeiten. Beim Durchziehen darauf achten, dass der Arbeitsfaden unter der Nadelspitze liegt.

Das ABC der kleinen Stiche

Stielstich

Der Stielstich ist einer der bekanntesten Linienstiche. Mit ihm lassen sich leicht senkrechte, waagerechte und gebogene Linien aufsticken. Er wirkt ganz besonders plastisch und lässt sich auch problemlos auf Maschengrund arbeiten.

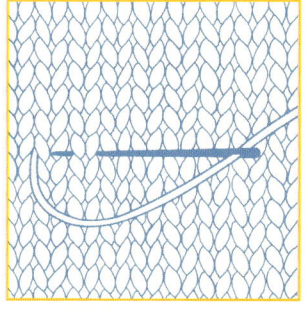

1. Der Stielstich wird immer von links nach rechts gearbeitet. Auf einen geraden Stich auf der Vorderseite folgt ein halb so langer Rückstich. Auf Maschengrund lässt sich das besonders leicht auszählen.

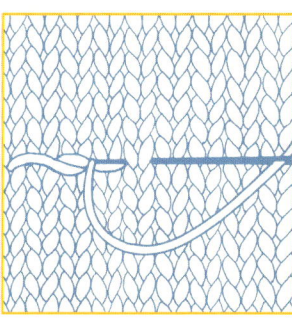

2. Den Faden auf der Vorderseite wieder so lang wie beim ersten Vorstich führen, dann auf der Rückseite abermals über die Hälfte der Länge zurückstechen. In unserem Beispiel: Vorstich immer über 2 Maschen, Rückstich über 1 Masche.

Knötchenstich

Der Knötchenstich gehört zu den geknoteten Zierstichen. Er bildet plastische Punkte z. B. für Augen oder Blütenmitten.

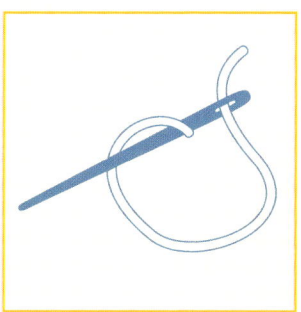

1. An der gewünschten Stelle durchstechen. Den Faden von vorne nach hinten einmal um die Nadel herumlegen.

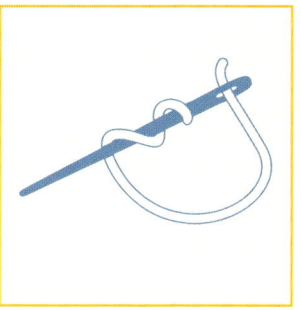

2. Dann ein zweites Mal wickeln, so dass der Faden nun zweimal um die Nadel geschlungen ist. Den Faden mit Daumen und Zeigefinger der linken Hand fassen.

3. Dicht an der Ausstichstelle wieder einstechen und den Faden vorsichtig durchziehen. Die Wicklung dabei dicht an den Maschengrund schieben und dann den Faden straff ziehen. Die entstehenden, erhabenen Knötchen werden größer, wenn Sie den Faden dreimal um die Nadel wickeln.

MEILENWEIT – DIE SOCKENWOLLE VON LANA GROSSA

LANA GROSSA gibt es im gehobenen Fachhandel. Die Bezugsquelle für Wolle und Beratung erhalten Sie über: LANA GROSSA · Postfach 1109 · 85078 Gaimersheim · Fon: 08458/61-0 Fax: 61-36. Aktuelle Informationen über LANA GROSSA finden Sie im Internet: www.lanagrossa.de

Eine unvergängliche Blumenpracht

Von „A" wie Azalee bis „W" wie Winde sind alle Häkelblumen und -blüten aus Garn einfach selbst gemacht. Die Modelle dieses Buches sind der Natur lebensecht nachempfunden, deshalb sehen diese kleinen Kunstwerke ihren Verwandten draußen in der Natur zum Verwechseln ähnlich.

Die zweifarbigen Häkelschriften zu jedem Modell befinden sich direkt neben der leicht verständlichen Anleitung und dem entsprechenden Farbfoto. Der Grundkurs Häkeln für Rechts- und Linkshänder vermittelt Schritt für Schritt die Häkelblumen-Technik.

ISBN 3-89858-092-X

OZ VERLAG

Alle OZ-Bücher sind im Buch- und Fachhandel erhältlich.

Herstellerverzeichnis

Alle Garne:
Lana Grossa GmbH
Ingolstädter Str. 86
D-85080 Gaimersheim
Internet: www.lanagrossa.de

Alle Materialien erhältlich in führenden Fachgeschäften in Deutschland, Österreich, Schweiz, Luxemburg, Belgien und den Niederlanden. Adressen in Ihrer Nähe erhalten Sie über das Verzeichnis im Internet oder per Telefon.

Körbe, Seite 5:
car Selbstbaumöbel
Ellerbrookskamp 4
D-22397 Hamburg
Internet: www.car-moebel.de

Kleidung, Seite 19, 23, 39:
Esprit über Extract PR
Bürgerstr. 6
D-40219 Düsseldorf
Internet: www.esprit.com

Korb-Recamiere, Seite 41:
Heinrich Heine GmbH
Postfach 3009
D-76017 Karlsruhe

Holzteller und Körbe, Seite 41, 33:
Ikea Einrichtungshaus GmbH
Internet: www.ikea.de

Deko-Schneemann, Seite 13:
Knorr-prandell
Creative Hobbies GmbH
Postfach 1325
D-96203 Lichtenfels
Internet: www.creative-hobbies.de

Sohlen für Hüttenschuhe, Seite 45:
Litha-Hüttenschuhe
Thalhofer GmbH
Burgstr. 36
D-72574 Bad Urach

Kleidung, Seite 31:
Marc Twain GmbH & Co. KG
Luisenstr. 32
D-76530 Baden-Baden

Kleidung, Seite 49:
Steffi's Kindermoden
Klosterstr. 7
D-77652 Offenburg

Impressum

Entwürfe:
Inge Glaser-Engelmeier: Seite 7, 25, 43, 55 (1)
Janne Graf: Seite 9, 11, 15, 33, 35, 41, 47, 51
Jutta Hinrichs: Seite 55 (2)
Elisabeth Lindner: Seite 21, 53
Dorothea Neumann: Seite 13, 29, 39, 49
Sabine Ruf: Seite 23, 45
Heidi Zuschke: Seite 17, 19, 27, 31, 35, 37

Fotos:
Seite 33 und 49: Petra Obermüller, Offenburg
Seite 13 und 29: Fotostudio Wehinger, Rheinfelden
Alle anderen Fotos: Hermann Mareth, Offenburg

Styling:
Seite 13 und 29: Kirsten Galle
Seite 33 und 49: Almaz Tekeste
Alle anderen Fotos: Elke Reith

Lehrgangs-Zeichnungen Seite 56/57:
Werner Schultze

Technische Zeichnungen
motschkommunikation, Rheinfelden: Seiten 6, 10, 14, 16, 20, 24, 26, 30, 36, 40, 42, 44, 46, 52, 54

Konzept:
Janne Graf

Anleitung:
Birgit Gack

Korrektur:
Birgit Gack, Bärbel Janitz

Lektorat:
Susanne Klar, Ulrike Bogatz

Layout und Produktion:
Carsten Schorn, Merzhausen

Druck und Verarbeitung:
Brepols, Belgien

ISBN 3-89858-099-7

© 2002 by OZ Verlag GmbH, Rheinfelden
Alle Rechte vorbehalten.

Die Verwertung der Texte und Bilder, auch auszugsweise, ist ohne Zustimmung des Verlages urheberrechtswidrig und strafbar. Dies gilt auch für Vervielfältigungen, Übersetzung, Mikroverfilmung und für die Verbreitung mit elektronischen Systemen.

Jede gewerbliche Nutzung der Arbeiten und Entwürfe ist nur mit Genehmigung von Verfasserinnen und Verlag gestattet.

Bei der Anwendung im Unterricht und in Kursen ist auf dieses Buch hinzuweisen.

Der Verlag hat größtmögliche Sorgfalt walten lassen, um sicherzustellen, dass alle Angaben und Anleitungen korrekt sind, kann jedoch im Falle unrichtiger Angaben keinerlei Haftung für eventuelle Folgen, direkte oder indirekte, übernehmen.

Farbe und Helligkeit der hier gezeigten Garne und Modelle können von den jeweiligen Originalmaterialien abweichen. Die bildliche Darstellung ist nicht verbindlich. Der Verlag übernimmt keine Gewähr und Haftung.
Die gezeigten Garne und Materialien sind zeitlich unverbindlich. Der Verlag übernimmt für Verfügbarkeit und Lieferbarkeit keine Gewähr und keine Haftung.